More Play, Less Study:

A Chinese-American Mother's Advice on Early Education

玩比学更重要

美国华裔妈妈教你快乐早教

[美] 李国芳　仲丽娟　著

Li Guofang　Zhong Lijuan

北京大学出版社
PEKING UNIVERSITY PRESS

图书在版编目(CIP)数据

玩比学更重要：美国华裔妈妈教你快乐早教/（美）李国芳，仲丽娟著. —北京：北京大学出版社，2015.10

ISBN 978-7-301-25794-4

Ⅰ.①玩… Ⅱ.①李… ②仲… Ⅲ.①家庭教育-早期教育 Ⅳ.①G78

中国版本图书馆CIP数据核字(2015)第092454号

书　　名	玩比学更重要：美国华裔妈妈教你快乐早教
著作责任者	［美］李国芳　仲丽娟　著
责任编辑	王　莹　赵学敏
标准书号	ISBN 978-7-301-25794-4
出版发行	北京大学出版社
地　　址	北京市海淀区成府路205号　100871
网　　址	http://www.pup.cn　新浪微博：@北京大学出版社
电子信箱	zyjy@pup.cn
电　　话	邮购部62752015　发行部62750672　编辑部62765126
印 刷 者	三河市北燕印装有限公司
经 销 者	新华书店
	650毫米×980毫米　16开本　12.75印张　165千字
	2015年10月第1版　2015年10月第1次印刷
定　　价	28.00元

序一

“李老师，你是怎么带三个孩子的？我带一个已经忙不过来了。你还发表这么多论文！”我的一个有6岁男孩的学生妈妈向我诉苦，说她学业和家庭很难兼顾。还有一天晚上，我的一个高中同学在QQ上和我聊天，问我怎么能带这么多孩子。我开始以为她还想生孩子，结果她是为了儿子以后多生孩子取经的。另一个华裔朋友的儿子在学校里打架，在家对爷爷、奶奶不尊重，朋友问我：“我该怎样让他听话呢？”还有的朋友看到我的三个孩子一起安安静静地、专注地看书，好奇地问我：“你是怎么让他们喜欢读书的？”很多认识我的朋友称我为“超级妈妈／女人”，他们向我取经，我也毫不吝惜地给建议、出点子。就这样，我在不知不觉中成了带孩子的“专家”了。

其实，这是我的职业习惯。我曾是美国密歇根州立大学的教师教育系的教授，我的教学工作是教美国老师怎么教育学生，特别是多元文化背景的学生；我的研究方向是华人家庭语言文化教育。但是，我以前是研究别人的孩子，教老师怎么教育别人的孩子。自己有了孩子后，我的职业习惯就延续到自己的孩子身上。我研究他们，琢磨怎么教他们。本书的内容结合了我作为教师教育者和家庭语言文化研究者的理论和实践，以及我作为三个孩子妈妈的经历和经验。这些故事记载了我和我先生大牛（我的先生叫丹尼尔·斯迪尔（Daniel Steel），朋友们根据他的姓的意思和名字的谐音，给他取了中文名叫铁大牛）怎样带孩子玩，在玩中帮助孩子了解我们生活的环境和大自然，培养他们的社交、语言表达和情绪掌控能力，并在玩中帮他们培养独立自主意识、学习知识、培养好奇心和想象力。

很多人以为带三个孩子会影响事业。我的先生大牛也是密歇根州立大学的教授。我们2007年相识于密歇根州立大学，2008年结婚，2009年12月生了双胞胎儿子。老大弗朗西斯（Francis）中文名叫鸿鸿；老二帕赤克（Patrick）中文名叫泽泽。 17个月后，2011年5月，又生了女儿阿曼达（Amanda），中文名叫绮绮。 因为我的父母以及大牛的爸爸不幸去世得较早，而大牛的妈妈年迈体弱，住得较远，因此，三个孩子都是我们自己带的。孩子们因为年龄相近，经常被人误认为是三胞胎。我发现有了孩子后，即使是我们自己带三个孩子，没有其他人帮忙，我的事业也并没有受到影响，相反，我觉得身心更为健康，更让我能很好地处理事业和家庭的关系。因为有了孩子后，我就会带着孩子们玩，和孩子们一起玩，让我有机会放松，离开电脑、离开工作，全身心地投入和孩子们的游戏中。因此，与没有孩子的时候不停地在电脑前写作，想着如何去做下一个研究项目的生活相比，孩子们的出生和成长让我作为一个学者教授的生活更加平衡。所以，带孩子玩，不仅仅是我教他们如何在玩中学习和成长，做他们的好玩伴，其实，他们也是我的好玩伴，教会了我很多东西，如如何用童真的眼光看世界等。而且他们的笑声和笑脸让我更能应对生活和工作中的压力，不那么计较名利上的得失，让我更懂得珍惜生活中实实在在的更重要的东西， 如家庭。 对我而言，是他们给了我第二个快乐的童年。

和孩子玩，做孩子的好玩伴，和孩子在玩中学是一种心态。最近我和一位年轻的美国妈妈谈孩子的话题。她跟我说她的儿子总是要她一起玩，她很烦恼。她说：“我跟儿子说，你自己玩吧，我又不是4岁的孩子！”很多有独生子女的家长都有这样的想法。做孩子的好玩伴，就是要改变这样的思维方式，重新找回童心。当孩子要求我们一起玩的时候，一定不要放过这么好的亲子互动的机会，因为再过一两年，他们就会变得越来越独立，更喜欢和其他的小朋友玩而不想和大人一起玩了。现在这个时光是不会重来了，错过了就错过了。

我第一次体会到这种心情是我在加拿大读博士的时候。在那之前，我一直在国内的学校里读书，从高中到研究生，然后出国深造读博，我的家人都认为我是书呆子，不知道玩。虽然有三个侄子，但是很少有机会见到他们，更少和他们一起玩。到了加拿大读博士的时候，我的一位老师家有一个孙子、五个孙女。在加拿大的第一个圣诞节，他邀请我去他家过节。那天，我和他的孙子、孙女们玩各种游戏。因为我想学他们的游戏，所以完全把自己当成和他们一样的小朋友，让他们“带”着我玩。他们也把我当成玩伴。我发现和他们一起玩，完全没有了和大人相处时的拘束，觉得非常放松和愉悦。后来我经常到他们家玩，他们也把我当成家庭的一员。我还记得我玩累了，对孩子们说我要回家做作业了。其中一个小女孩跟我说：“我还以为你和我们一样大呢！”这一段经历对我的影响很大，我不仅看到了孩子可以有另一种快乐的童年，也领会到了大人只要愿意也可以做孩子的好玩伴。所以，要成为孩子的好玩伴，做他们早期生活中最有影响的人，一定要有与他们是同龄人的心态。

写这篇序言的时候，正是母亲节之际，到处都喜气洋洋，充满对母亲的赞美。两个儿子在洒满阳光的屋子里专注地玩赛车玩具，自行组织了一场比赛。女儿像往常一样，沉浸在她自编自演的童话世界里。大牛正在收拾餐桌。这种祥和的气氛让我感到幸福满足，我的心也被喜悦填满，充满了对生活的感激之情。

感谢读过我们初稿的中国和美国的爸爸妈妈们，他们的每个建议都让本书更完善。感谢周文英博士提出的一些文字上的建议，王艳博士提出的加入一些有育儿困扰的爸爸妈妈的建议。特别感谢刘建志、汪正青夫妇提出的几个重要的建议：一个是突出讨论爸爸妈妈有不同育儿观念的建议。这个建议指出了育儿中的常见问题。另一个是如何照顾爸爸妈妈读者因工作忙，需要快餐式阅读的建议。这个建议促成了每章后面“答疑解惑”的形成。刘汪夫妇第一个实施了我们的育儿理念，并给予了高度肯定。他们说这本书改变了他们的养育观念，对他们教育孩子有很大的帮助。还要感谢我的大哥李明、大嫂曹新元做我们的忠实读者，提出了中国隔代教育的问题。这些宝贵意见和集体智慧让这本书的内容更完善更实用。

特别要感谢以下五个人，因为没有他们就没有这本书的存在。

感谢本书的合作者仲丽娟老师，是她对中国家庭教育的关注和对中西文化的敏锐洞察力促成了本书的形成。她提出选题方案，并与北京大学出版社多次沟通；她对我撰写的内容进行了整理和加工；还加上了她对一些内容的解释；她撰写了每章概述；她根据中国国情对本书中的一个个故事进行了分析；她不厌其烦地在江苏省和上海市的幼儿园收集老师和家长们关心的问题，撰写了“答疑解惑”栏目。她请朋友们给书稿提意见，并进行修改。她的务实、严谨和追求完美的态度增强了我用中文写作的信心，她的文字和思想使本书具有了中国元素和气息，更接中国“地气”。可以说，没有仲老师的远见、支持和参与，就没有这本书。

感谢我的先生这些年一如既往地当孩子们的好玩伴，陪着孩子们成长，见证了孩子们的每一个发展的里程碑。每当听到别人夸赞他特别会带孩子，会和孩子玩时，我都对我的先生心存感激，也为孩子们有这样兢兢业业、亲力亲为的好父亲感到骄傲。他改变了很多女孩特别是从中国来的女孩对美国男人的看法。当她们问我：“你一个人怎么带三个孩子的？”我告诉她们：“我不是一个人，我和我的先生一起带。”我要感谢我的先生，和我一起无怨无悔地担负起养育三个孩子的重任；和我一起学习、交流、分析孩子成长路程中的挑战，尝试很多新的方式方法；和我一起成长为更好的父母。

最要感谢的是我的三个活泼可爱的小“天使”，是他们给了我们生活的乐趣和意义。没有他们，就没有这本书的故事。写完这本书初稿的时候，女儿刚过4岁生日，儿子们都5岁半了。我们开始谈他们的生日，给他们讲刚出生时的故事。鸿鸿刚刚出生的时候，好奇地四处张望，竟然不哭，护士说这孩子怎么不哭呢。泽泽哭得太早，喝了几口羊水，结果在婴儿重症房里待了一天一夜。两个儿子让我把他们刚出生的故事讲了一遍又一遍。女儿也说：“妈妈，我要听我出生时候的故事！”于是我就告诉她：“你在妈妈肚子里的时候，医生说宝宝很完美，但是声音（心跳声）很大哦！后来你出生时，果然哭得很大声！”女儿咯咯地笑了！从出生到现在，他们长成了三个不同个性、不同爱好的小人儿。鸿鸿喜欢绿色，他每天穿的衣服都是绿色的；他喜欢少吃多餐，也喜欢帮忙做饭；他喜欢写字，喜欢玩钟鼓乐器，喜欢当领导者。泽泽喜欢红色，每天穿的衣服都是红色的；他喜欢吃大餐，不喜欢吃零食；他喜欢读书，喜欢玩弓箭，喜欢所有有将军、宝剑、弓箭的故事；他很喜欢给人拥抱，每天要给我们很多拥抱。绮绮喜欢粉红色和所有跟公主有关的故事；她喜欢和她的朋友们扮演《冰雪奇缘》，也喜欢和哥哥们玩打仗的游戏。因为刚过4岁生日，她的独立意识更强了。什么事情都要自己去做（如穿衣、系汽车安全带等），她最喜欢的话就是“我已4岁了，我可以自己做了”。

孩子们的成长故事，也是爸爸妈妈的成长故事。我希望我家的故事，能帮助“改写”你家的故事，让你和你的孩子有个充满乐趣、健康快乐的童年！

是为序。

李国芳

2015年5月于美国密歇根州东兰辛

序二（英文）

One of my earliest memories as a father is of holding one of our twin boys—I don't remember which one—in a hospital room a day or two after his birth. Guofang and I had read books and attended a class about the supposedly right way to soothe a baby. Hold him just so, the experts assured, and he'll drift off into contented slumber faster than you can say "happiest baby on the block." Well, I was doing it by the book but the baby's cries were only getting louder and more persistent. This was a proverbial "Oh, no!" moment. I remember thinking, "What if he doesn't stop crying? What have I gotten myself into?"

Fast forward about 18 months, in the same hospital, but now after the birth of our daughter, Qiqi. Little Qiqi's blood oxygen level was low, so she was wheeled away from the delivery room and strapped to an oxygen tank. I remember watching my newborn baby and thinking, "If only they would let me hold her in my arms, I could soothe her and all would be well." I had definitely become a more confident dad. After thousands of diaper changes and untold sleepless nights, I was undergoing a mysterious transformation that had only just begun. I now had a sense of how to be a parent and what it means to be a father.

As a father of three adorable children, I learned that parenting is one of the most challenging experiences a person can go through. The process of transforming a squalling infant into good, happy, successful human being is fraught with unexpected difficulties. When we were expecting the twins, I imagined our future children and the upcoming joyous events and important milestones like their first steps, family holidays filled with laughter, and graduation ceremonies. As a father–to–be, I rarely imagined the amount of thought, effort, and sheer exasperation to be expended in getting them to do simple things such as sit at the dinner table or pick their socks up off the floor. Nor did I anticipate how such seemingly trivial matters can come to be seen (maybe incorrectly) as warning signs of long term problems. If the kid can't listen when we ask him to pick up socks, how is he ever going to learn to follow instructions in school? I also learned that there are few hard–and–fast rules about parenting and no guarantees things will turn out the way you want. Nor is there even an assurance that what you want is what will be best for your children.

With so many challenges and so few rules to guide us, Guofang and I had to be creative. Being professors, we studied many parenting books and tried different approaches. The approach we've developed, through trial and error, is to connect play and learning. We delved into our children's worlds in order to communicate with them in ways that they could understand. We found that play is one of the most important ways in which our children understand and respond to their surroundings. From shortly after she learned to talk, our daughter Qiqi loved to use figurines (which she called her "people") to reenact scripts of social situations learned from stories or interactions with parents, siblings, or teachers. And as the subsequent chapters describe, we invented volumes of stories about Yeah–man, Nah–man, Silly Nincompoop, and the Three Little Kings not just to entertain but also to convey simple messages about appropriate behavior and attitude.

I'm naturally inclined to interact with children in this way. That is something I discovered about myself after the birth of my niece, Karen. I enormously enjoyed playing with Karen, inventing silly characters and stories with her, and she loved this, too. But engaging with a child's thought-world has not always been easy. Young children's ideas often seem silly, fantastical, and illogical. Like many parents, I also sometimes wondered why I should take such nonsense seriously. Why not just ignore it and replace it with a more rational adult mode of understanding? Over time, I learned that doing this often fails to produce positive results.

Here is a simple example. When our twins were about two years old it was often extremely difficult to get them in their coats and shoes, out the door, and into the car, even when we were going to a playground that they liked. No amount of rational explanation—you want to go to the playground, you can't go until you put on your shoes and get in the car, etc.—would move them to get ready. Worse than that, repeated explanations would quickly turn into nagging and leave us frustrated. I found the following a more effective method. I told the kids that Red Bird was coming to tickle their belly buttons, and that they would only be safe if they were strapped into their car seats. With cries of "Red Bird! Red Bird!", the children would scurry to the sanctuary of the mini-van. Although they grew out of the Red Bird story quickly, they enjoyed many similar games that continue to this day. For example, the first one to be buckled into his or her car seat would be the King of the Pirate Ship, or the Big General, or Very Special, and the last would be the Rotten Egg.

Another reason I engage with our children's imaginary world is for the sheer joy of it. Children crave attention from their adult caregivers. And they especially appreciate adults who make an effort to listen to their ideas and help to weave them into more elaborate stories and games. I believe the loving bond that results from this kind of fun is what being a father is all about.

As you can see from our stories, engaging with children in this way takes time and effort. As university professors, Guofang and I continually battle the tension between family and work. When the twins were still infants, I often struggled with the feeling that I should be spending more time writing articles and advancing my career. I remember eagerly returning to my research once they were asleep, in day care, or otherwise out of my responsibility, even though I was totally exhausted and sleep deprived. But as time went on, I began to look forward more and more to spending time with my children, and taking a break from work. I found playing with my children invigorating and fulfilling, and no longer envied colleagues who worked through the weekend.

But the tension between work and family has never completely gone away. As a father, I believe these feelings are reinforced by traditional gender roles of the father as breadwinner and mother as the house keeper and caretaker of children. You can see this stereotype in many novels, movies, and TV shows and in our fathers' generation. My own father was a good example. He was an electrical engineer, and he devoted his evenings and Saturdays to his work. It was always clear that taking care of the kids was my mom's job. Although I have fond childhood memories of my father reading to me and tucking me into bed, once my sisters, brother, and I outgrew story time and being tucked into bed, my father did not know how to communicate with us. As a result, we spent little quality time together. As judged by the traditional masculine ideal, my father's dedication to his work was a complete success: he accumulated a wall of patents, put his kids through college, and left my mother with a comfortable retirement. But for me, this success came at a cost. He became ill and passed away when I was seventeen and I feel that I did not know him well. I often wonder what my relationship with him might have been if he had taken some time off from all those Saturdays and evenings he spent at work to play with me and my brothers and sisters.

My regret in not knowing my father as I grew up has shaped how I view my time with my children now. I can't redo my childhood, but I have a chance to choose what kind of father I want to be and what kind of relationship I want to foster with my children. My father's early passing made me realize that life is short and what matters most is my relationship with the people I love. I hope the stories that follow inspire you to think about how you can creatively interact with your children and leave a lifelong legacy of fond memories and learning. And I hope our stories present new and helpful perspectives, suggestions, and approaches to similar parenting challenges that you encounter during your journey raising your children. Bon voyage!

Daniel Steel

East Lansing, MI, USA

May 3, 2015

序二（译文）

我作为父亲的最早记忆之一是在医院的一个房间抱着我的一个双胞胎儿子——我记不得是哪一个了——只记得是在他们出生后的一两天。在此之前国芳和我读了很多婴儿护理书，参加了一个教我们怎么正确地抚慰宝宝的训练班。这样抱着婴儿，那些专家保证说，宝宝就会很快满足地入睡，快得我们都来不及说“他是我们街上最快乐的宝宝”。好吧，我按照书上写的抱着，儿子却越哭越大声，越哭越持久。这就是常言说的“哦，不！”的时刻。我记得一个思绪飞过：“如果他不停地哭，该怎么办？我把自己卷入了什么状况？”

18个月后，在同一家医院里，这回是我们的女儿绮绮出生了。小绮绮出生时血氧偏低，她很快被推出了产房，绑上了一个氧气罐。我记得我看着刚出生的宝宝，心想：“如果他们能让我抱着她，我会抚慰她，她会没事的。”这时的我确乎已经成了更有自信心的爸爸。在换过成千个尿布和经历无数个不眠之夜后，我已开始了神秘的蜕变之旅——我现在有了怎样做父母的意识，也认识到作为一位父亲的意义。

作为三个活泼可爱的孩子的父亲，我领会到了怎样管教孩子是一个人最有挑战的经历。把一个哭闹不止的婴儿转变成一个举止得体、幸福成功的人是一个充满意想不到的困难的过程。在待产双胞胎时，我想象着我们未出生的孩子们，他们以后的充满欢乐的活动和重要的发展里程碑，如他们迈出的第一步、我们家庭的充满笑声的节日、他们的毕业典礼。作为一个将要当父亲的人，我根本就没有想象到要花多少脑力、精力和忍耐去帮助他们学习最简单最基本的事情，如坐在餐桌上吃饭、捡起丢在地上的袜子之类的事情。我也没有想到这些看上去很小的事情会被我们（可能不正确地）看作是长远的问题的警示。如我们会想，要是我们让他捡袜子，他都不听话，那他以后怎样在学校里听从老师的指示？我领会到了管教孩子的又快又好的方法极少，而且没有方法能保证事情就是我们想要的那样，何况也没有任何人能保证我们作为父母想要的就一定是对孩子最好的。

有这么多挑战、这么少的规则来引导我们，国芳和我就得发挥创意。作为大学教授，我们学习了很多父母管教孩子的书，也尝试了不同的方法。经过很多尝试和失败后，我们渐渐发展了一个玩与学结合的方法。我们探究孩子们的世界，用他们能理解的方式和他们沟通。我们发现，玩是孩子们用来理解并响应他们周边环境的最重要的方法之一。我们的女儿绮绮，从她会讲话开始，就很喜爱用小玩具人（她称之为她的“人民”）来演绎不同的社交场景的脚本。这些社交场景都是她从她听的故事或者和我们、她的哥哥们以及老师们的互动中学到的。就像本书后面的章节中描述的那样，我们自己编了大量的关于“然君”“未君”“笨君”这“三个小国王”的故事来逗他们玩，同时也是为了给他们传达什么是合适的行为举止和处事态度的信息。

我天生喜欢和孩子们这样交流。我在这方面的自我发现是在我的侄女卡伦出生之后。我发现我非常非常喜欢和她玩，给她编一些愚蠢可笑的人物和故事。她也很爱听这些故事。可是，参与孩子的思维世界并非易事。小孩子的主意想法很多时候看似是荒诞可笑、没有逻辑的。像很多父母一样，我有时也想知道我为什么要严肃地对待他们的胡诌。为什么就不能忽略不理，代之以大人能够理解的理性方式？随着时间的推移，我意识到这样做往往不能达到积极的效果。

举个简单的例子。双胞胎两岁左右的时候，有时让他们自己穿好外套和鞋子、出门、上车是件非常困难的事情，哪怕我们是去他们喜欢的儿童游乐场。不管我们多么理性地跟他们解释如果你要去游乐场，不穿好鞋子坐上车，就没法去，他们也不为所动。更糟糕的是，不停的解释往往很快转变成唠叨，让人很泄气。我们终于发现了一个更有效的方法。我告诉孩子们，“红鸟”要来挠他们的肚脐眼痒痒，他们非得坐到车座上系好安全带才能安全。在“红鸟！ 红鸟！”的叫声中，孩子们就会飞快地跑到我们的微型面包车上“避难”。虽然孩子们很快过了相信“红鸟”故事的年纪，但是直到今天，他们还是很喜欢其他类似的游戏。如第一个扣进汽车座椅的就是“海盗船王”， 或是“大将军”，或是“非常特别的人”，而最后的那个就是“臭鸡蛋”。

我喜欢参与孩子们的充满想象力的世界的另一个原因是纯粹的喜悦感。小孩子渴望得到他们成年看护人的注意。他们也特别感激大人努力去倾听他们的主意，把他们的意见编织入更精细的故事和游戏中。我认为我们从这种乐趣中建立的爱的纽带就是作为一个父亲的全部意义。

你从我们的故事中可以看出，像这样和孩子互动会费时费力。作为大学教授，国芳和我总是面临着平衡家庭和工作之间的紧张关系。当双胞胎还是婴儿的时候，我总是纠结着我是否应该多花时间写文章，以推进我的事业。我记得，虽然自己已是筋疲力尽，严重睡眠不足，我还是在孩子们睡觉后，或者到了托儿所，或者暂时不由我照看时，迫不及待地回到我的研究工作上。但随着时间的推移，我发现我更加期待从工作中放松一会儿，和孩子们共度时光。 我发现和孩子们玩更让我精神朗朗和有成就感。我不再羡慕那些整个周末都在工作的同事了。

但是在我们的生活中，家庭和工作之间的紧张关系从未完全消失过。作为一位父亲，我认为这些紧张关系反而因为传统的父亲挣钱养家，母亲管家带孩子的男主外、女主内的性别角色而加强了。这一传统的模式在小说、电影、电视节目以及我们的父辈事迹里都有显示。我自己的父亲就是一个生动例子。他是一个电力工程师，一天到晚，甚至是周六都投入到他的工作。而照看孩子无疑总是我妈妈的工作。虽然我有父亲给我读书、带我睡觉的美好记忆，但是一旦我的哥哥姐姐们和我过了要人读故事、哄睡觉的阶段，我父亲就不知如何与我们沟通。因为这样，我们很少在一起共度美好时光。如果按照传统的男性的典范，我父亲对工作的投入是很成功的：他积累了很多专利，供我们上大学，给我妈妈留了一笔不错的退休金。但是对我来说，这些成功是有代价的。他在我17岁的时候生病去世了。我觉得我还不很了解他。我总是在想如果他把那些晚上和星期六加班的时间用在与我和我的哥哥姐姐们一起玩，我们的关系又会是怎样的呢？

我成长时对自己父亲了解不多的缺憾，使我形成了要和自己的孩子们共度更多时光的想法。我的童年不能重来，但是我有机会选择想当什么样的父亲，要和我的孩子们培养建立怎样的关系。我父亲的早逝让我意识到生命是短暂的，而生命中最重要的是和我爱的人的关系。我希望本书后面的故事能够启发你去有创意地和你的孩子互动，给他们留下终生难忘的美好回忆和学习经历。我也希望我们的故事给你养育孩子过程中所经历的类似的管教孩子的挑战呈现一些新的有用的观点、建议和方法。祝你有一个愉快的育儿之旅！

铁大牛

2015年3月于美国密歇根州东兰辛

目 录

Contents

第一章 ▶ 早教即玩：做孩子的好玩伴

本章概述： 阐述了早教即玩的核心概念、价值意义和实施路径。我们主张顺应孩子爱玩的天性，在玩乐中蕴含思维、探究、投入与创新。做孩子的好玩伴，爸爸妈妈要同时扮演好父母、孩子和成人的三个角色。希望父母把握好自己的三个角色，在日常生活和游戏中思考“教”什么、“玩”什么。

1. 早教即玩，寓教于玩

一位中国爸爸对我说他4岁的女儿“光知道玩，什么都不想学”。我说：“那你为什么不让她在玩中学呢？你可以陪她玩啊！”他问：“怎么陪她玩又让她学到东西呢？”其实这个爸爸认为玩是浪费时间，以为早教就是提前学习英语、识字与数学，只有正规的知识教育才是学习。把玩和学截然区分开来并不是个例，很多爸爸妈妈在孩子还是胎儿的时候就为他们开启了早教旅程，让他们听世界名曲、儿歌、唐诗、“看”世界名画、“学”英语。孩子一出生就上早教班继续这些方面的学习。再大一点就是各种文艺班、加强班。折腾了几年，花了几万甚至十几万的钱后，孩子一听到学习就厌烦逃避。这种家长主导的灌输式早教理念通常会导致孩子们的厌学情绪。以“小学生厌学”为关键词在网络上查阅，可获得成百上千的案例和理论解说，可见厌学情绪逐渐呈低龄化并已引起了人们的重视。

怎样才能让孩子快乐地成长学习？学什么？我们要给孩子一个怎样的童年？怎样的将来？这些是很多新爸爸妈妈都关心的问题。

儿童研究已经证明，孩子的一些认知、语言、社交及肢体能力的发展阶段是天生内定的。如，发展正常的孩子到了七八个月左右就会爬，开始会说简单的词语；到了3岁时，可以懂得大约1250个词汇并且每个月可以学会至少50个新词；1—2岁喜欢自己玩，到3岁左右才和其他孩子互动地玩。每个孩子迟早都会达到这些成长的标志。所以说，让孩子早几天会爬，早几天认几个字，会加减几个数字，并不能给孩子的将来带来实质性的优势。一味地强制推行早教，只会抹杀孩子的天性，让他们产生抵触情绪。

对儿童大脑的研究还发现，学龄前儿童的性格、性情教育更加重要，比一味提高智力的灌输式教育更有长远的优势。美国著名的经济学家、诺贝尔奖获得者詹姆斯·赫克曼（James Heckman）博士研究了儿童早教方法和学生长远社会成功之间的关系。他早年让一批学龄前儿童分组接受两种不同的高质量的早教，一组注重认知能力的教育，也就是智力教育，培养孩子学习的能力；另一组注重性格、性情教育，包括培养好奇心、自我控制能力、自信心和个人毅力等。他发现认知能力的教育让孩子的智商（IQ）分数有暂时优势，但这个优势到了小学三年级就没有了。但是性格、性情教育的优势却伴随这些孩子一直到中年——他们比没有接受这种教育的更容易拿到学位，更容易找到工作，挣的钱更多。因此，如果想要孩子将来成功，早教的重点应该是这些非认知能力的因素，特别是行为性格和社会能力的培养。如何培养一个拥有健康快乐、独立自信、善于思考、善良积极的性格的孩子，才是每个爸爸妈妈应该关注的早教问题。

怎样才能培养这些至关重要的性格、性情和社会能力呢？灌输式早教显然是不行的。我们主张寓教于玩，在与孩子的玩耍中培养，在日常生活的经历中培养。早教即玩，爸爸妈妈做孩子的好玩伴。学龄前孩子的主要生活就是玩，他们在玩中增强体质、体能，学习语言和生活技能，学会人际交往。同时，也是在玩中，他们对探究周边事物的兴趣才能得到开发，其个性、性格、性情才能得以塑造。玩是孩子的基本权利，是他们每天生活学习中的重要内容。与孩子一起玩，爸爸妈妈可以做孩子性格、性情最重要的塑造者，孩子和父母都能享受早教的乐趣。但是，陪孩子玩是一种大智慧，需要正确的教育价值观、适合的策略和多变的玩的方法。陪孩子玩不仅仅是妈妈或者爷爷、奶奶的事，爸爸也要参与进来，不要整天忙于工作，而要放弃不是特别重要的应酬，做孩子的好玩伴。我的一位英国朋友有一个5岁和一个2岁的孩子。每天晚上，夫妻俩一人负责一个孩子，主要完成给孩子读书的“大业”。朋友说，给孩子读睡前故事，是他每天不可推卸的工作。他有自己的公司，但他从来没有因为公司的事情而不能陪孩子睡前阅读。这位英国爸爸把陪孩子读睡前故事当作自己工作的一个部分，而且是一项重要的工作。

做孩子的好玩伴，与孩子一起玩，不是简单地给孩子玩具，陪着孩子，而是一个积极参与、不断发现和创新的过程。现在独生子女家庭居多，家住高楼公寓，没有过去的邻里空间，没有伙伴，爸爸、妈妈更要成为孩子们的好玩伴，与他们一起创造性地玩。玩是孩子的本质天性，寓教于玩的早教方式是顺应孩子的天性，是他们快乐成长的基础。早教即玩里有思维、探究、投入与创新，让孩子在生活的经历中展示个性，磨炼性格，积累日后成功所需的社会技能。早教即玩不仅仅有益于孩子的成长，也有助于促进爸爸、妈妈的成长，增进他们的亲子关系。

2. 早教即玩，寓教于玩中爸爸妈妈的三个角色

做孩子的好玩伴意味着我们不能只把自己当成是孩子必须服从的长辈，作为孩子的第一任老师的角色，更重要的是要找回自己的“童心”，把自己当成孩子，用孩子的眼光看待世界。做孩子的好玩伴，必须同时扮演三个角色：父母、孩子和成人。

美国著名心理学家艾里克·伯恩（Eric Berne）认为，我们每个人的个性里都有三个自我状态——父母自我状态、孩童自我状态和成人自我状态。

在父母自我状态中，我们沿袭自己父母及其他长辈的行为习惯、言行思维和做事方式。在与孩子的交流中，其表现方式倾向于保护型、权威型，语言通常居高临下。如，我们经常叫孩子要怎样做，不要怎样做——“要好好学习！多学习！”“要多吃蔬菜水果！”“不要摸！不要……”我们耳濡目染先辈对学习的重视和传统的“管教、严厉和服从”的家教方式。有的中国父母对美国“虎妈”和中国“狼爸”的推崇就是这种家教方式的极端表现。很多爸爸、妈妈大部分情况下表现的是这种自我状态，导致上文提到的小学生厌学情绪积累，所以想做孩子的好玩伴，要尽量压制这种家长式的自我状态，让孩子做决定，玩他们想玩的东西，用他们喜欢的方式玩。当然并不是让孩子随心所欲地玩，孩子想打游戏，就让他们尽情沉迷其中。这里的玩，是指在家长的引导下，让孩子以自己喜欢的方式玩。我们生活的场景随处可利用，如家长想教孩子10以内的加减法，不是拿一张纸写上算术题，而是尊重孩子的玩法，大家一起数楼梯，算一算爸爸走了几个台阶，孩子走了几个台阶，比一比谁走得多，多几个。再比如，家里来了三位客人，每人一个苹果、一个香蕉，让孩子算一算一共需要几个苹果、几个香蕉，苹果和香蕉的总数是多少等。

艾里克·伯恩认为每个人的本性里都有孩童的一面：自发冲动，富有创造力、冒险精神和好奇心。孩童自我状态可以让我们满足于单纯的事物，为自己喜欢做的事而兴奋。当然，同时也会为小事而哭闹、发脾气。小孩子们大部分时间是在这种状态下度过的，随着年龄的增长，孩童的一面表现得越来越少了。做孩子的好玩伴，爸爸、妈妈就要找回自己孩童的一面，与孩子一样，去感受他们的情绪、情感和需要，去做孩子想做的游戏。这样，爸爸、妈妈才能以孩子为中心，与孩子玩到一块，寓教于玩。如双胞胎儿子3岁时，我们和孩子们玩他们很喜欢的躲猫猫游戏。一个人躲藏，另一个数数，数到约定的数的时候开始寻找。但是，3岁的孩子还不太懂躲的时候不要出声，他们经常躲在某个地方兴奋地咯咯笑，让找的人很容易发现。即使这样，我们也认真参与，大声数数，轮流躲藏和寻找，让他们乐此不疲。这样做既让孩子们学数数，又玩得尽兴。

成人自我状态是理性的状态，是一个人对当时、当事的理性判断，决定该做什么，不该做什么，该怎么做。在与孩子玩的过程中，把握这个角色状态，非常重要。一个必不可少的成人角色是作为孩子安全的守护者，毕竟小孩子有时还没有成人应有的安全意识。如孩子看见大人从公园的一个高处跳下，他们也跃跃欲试。这个时候，你就不是单纯的玩伴，而是要顾及孩子安全的成人了。另一个必不可少的成人角色是老师，要考虑寓教于玩的时候“教”什么。如躲猫猫的时候，可以教孩子们用中英文数数；玩火车的时候，可以教孩子们怎样分享；孩子哭闹的时候，可以教他们解决问题的能力等。

当孩子的好玩伴，就要掌握好这三个角色，想想在与孩子的交往中自己经常用哪一个自我和他们交流。如果用太多“父母”的天性，一味去教管孩子，让孩子服从、顺应家长为他们安排的方式去学习生活，就会与他们爱玩的天性冲突。要做孩子的好玩伴，就要再做一次孩童，再与孩子经历一次童年，与孩子一起成长。当孩子衷心地接受了爸爸、妈妈的玩伴角色，自然也就解决了“教”与“学”的问题。

3. 早教即玩，寓教于玩的“教”与“玩”

寓教于玩既可以给孩子快乐的童年，让他们不会有负面厌学情绪的积累，又可以给孩子成功必需的性格、品质和社会能力，同时也会给家庭应有的亲子乐趣以及共同成长的机会。

每个爸爸妈妈都不希望自己的孩子输在起跑线上。那么，早教到底教什么？怎么玩？

美国《纽约时报》著名专栏作家保罗·塔夫（Paul Tough）在他的专著《儿童怎样才能成功》（*How Children Succeed*）一书中指出，一个孩子将来能否成功，关键不在于在孩子出生后的头几年里能给他/她灌输多少信息知识，而是看爸爸妈妈能否帮助他们发展一些有长远影响的性格、品质。这些性格品质包括自我控制、坚强毅力、好奇心、认真专注和自信。有了这些品质，即使孩子不在爸爸妈妈跟前，没有爸爸妈妈的监督，他们也会有内在的动力、求知欲、好奇心，促使自己去学习、去探究，从而走向成功。

但是，只有成功没有幸福，人生也不会完美，所以除了这些成功的性格品质外，我们还要帮助孩子发展有长远影响的幸福的性格、品质。美国加州大学伯克利分校的情感研究专家克莉斯汀·卡特（Christine Carter）博士在她的畅销书《养育幸福》（*Raising Happiness*）中指出，幸福的人会在生活中、事业上更成功，更健康，更长寿，因为幸福的正能量不仅能够帮助我们开拓思维、广纳资源，而且能增强我们在逆境中的适应力、反弹力。克莉斯汀·卡特博士指出这些幸福的品质包括感恩、宽容、乐观、自信、有爱心、有同情心、快乐和知足等。与成功的品质一样，幸福的品质也是可以教的，而且必须从早年开始。这些品质就像肌肉一样，越锻炼就越强壮。

这些把孩子带向成功和幸福的性格、品质的培养不需要特定的课程设置，只需要爸爸妈妈在日常生活中，在与孩子的玩耍中去经历、去学习、去体验，把它们融入每天的生活以及孩子的游戏，在不知不觉中进行，让孩子们在快乐的、自然的成长中使之形成并得到磨炼。

4. 早教即玩，本书各章内容简介

本书中，我们以第一作者家庭为例，在亲子互动的生活故事中讲述教和玩的自然结合，以此说明早教不是机械地灌输知识，而是一个乐学、探索和创造的过程。

我们坚信健康的身心是幸福、成功的基础。《第二章　健康安全：小运动员的好教练》讲述了如何把日常生活场景与健康安全教育融为一体，让孩子体会运动和参与的乐趣，培养积极快乐生活的好习惯。这一章主张让孩子多参与家庭活动，做力所能及的家务，感谢父母的养育辛劳；爸爸妈妈要多带孩子做户外活动，享受日光风雨、花草树木，即使在户内，也可因地制宜，选择合适的锻炼玩耍的方式，让孩子在生活中体验健康积极的生活。安全问题是家庭最为关注的问题，本章提供了这个年龄段室内、室外活动中的注意事项。

要独立、要自主权是每个孩子的天性，一味溺爱孩子，替孩子包办，就会扼杀了孩子要独立的天性。《第三章　自主独立：放手“中国式溺爱”》讲述如何在生活的点点滴滴中给予自由，在玩耍游戏中培养孩子的生活自理能力、自信心和动手动脑的习惯。这一章强调要给孩子自信、自由的空间，相信孩子有能力，给孩子实践的机会，让其参与日常生活和家务劳动，用身体感知生活的点点滴滴；让孩子有经历错误的机会，试错的机会，以及在错误中学习的机会。

孩子哭闹、发脾气、和他人发生冲突是令人头疼的问题。那么，如何帮助孩子发展自我控制能力呢？《第四章　情感管理：做孩子可靠的情绪晴雨表》通过爸爸妈妈的观察和各种简单的游戏，讲述如何观察孩子的情绪，用游戏、幽默以及让孩子经历不同后果的方式帮助孩子从哭闹中、冲突中、失望中学会自我调节情绪，保持孩子的正向情绪。

俗话说，“三岁看大，七岁看老”，孩子早期在家庭里养成的社会观会带到未来的学习和工作中，如何让孩子学会做一个社会人是我们的关注点之一。《第五章　社会交往：不要“宅孩子”》讲述了如何鼓励孩子履行家庭义务，参加社区活动，在与人交往中体验爱心、分享、给予、感恩，分工合作，理解外面的世界，体验社会交往。这一章主张不要把孩子约束在家，应满足并促使其尽早社会化，并在不断的体验和练习中逐渐开发社交能力。

0—5岁是语言发展的关键期。《第六章　双语发展：一语一世界》讲述了如何让孩子在不知不觉中获得英汉双语能力。这一章主张语言学习与日常生活相结合，同时，有意识地开发系列家庭活动。从睡前故事、戏剧教育等学习方式中，孩子获得的不仅是语言，更是文化习俗和世界性的眼光。

儿童是天生的科学家。《第七章　科学素养：培养摇篮里的“科学家”》讲述如何顺应孩子本能的好奇心，在玩中帮助其不断进行自发的探究， 从而开发智力，培养良好的认真专注的学习素养和习惯，培养摇篮里的“科学家。”

答疑解惑

一、 为什么说早教即玩？

有人认为玩是浪费时间，只有正规的知识教育才是学习，提前学习英语、识字与数学才是正道。实践证明，家长主导的灌输式早教理念通常会导致孩子的厌学情绪。

玩是孩子的本质天性，是孩子的基本权利。学龄前孩子的主要工作就是玩，玩是他们生活中的重要内容，寓教于玩的早教方式只是顺应了孩子的天性。

二、早教即玩，要怎么玩？

陪孩子玩不是放羊式玩耍，它是父母与孩子共同参与、不断发现和创新的过程。玩也不是让孩子随心所欲，而是家长在感受孩子的情绪、情感和需要的基础上，以引导的方式，寓教于玩。当孩子衷心地接受了父母的玩伴角色，自然也就解决了“教”与“学”的问题。同时，父母还应是孩子安全的守护者。

三、早教到底教什么？

早教要教成功的品质，包括自我控制、坚强毅力、好奇心、认真专注和自信。有了这些品质，孩子会有内在的动力、求知欲、好奇心，促使自己去学习、去探究，从而走向成功。

早教还要教幸福的品质，包括感恩、宽容、乐观、自信、有爱心、有同情心、快乐和知足等。幸福的正能量不仅能够帮助我们开拓思维、广纳资源，而且能增强逆境中的适应力、反弹力。幸福的人会更成功、更健康。

无论是成功的品质还是幸福的品质，都是可以教的，而且必须从早年开始。培养这些品质，不需要特定的课程，只需要父母在日常生活中，在与孩子的玩耍中去经历、去学习、去体验，把它们融入每天的生活及游戏中，让孩子们在快乐的、自然的成长中使之形成并得到磨炼。

四、父母对孩子该有怎样的期望？当“虎妈”还是“放羊”管理？哪种教育方式会让孩子更成功和幸福呢？

每个家庭的环境都不一样。不过，想要孩子成功、拥有幸福的人生是每个家庭一致的期望。

至于何种方式，要根据每个孩子的特点。有的孩子适合严厉的“虎妈”，有的孩子需要放羊式的自由，我更赞同在“虎妈”和“放羊”管理之间寻找平衡点——有底线的自由。

五、 优秀的孩子是生就如此，还是后天教育的结果？

不可否认，优秀的孩子有先天的特质，但没有后天的教育肯定难以维系和推动他们的优秀。父母、学校、社会对孩子的成长都有极大的影响，其中以家庭教育最甚。

六、 孩子的教育是有章可循，还是每个孩子都不一样？

孩子的教育有一定的规律，这就是章法，如身体和智力发展有关键期，思维发展从形象走向抽象。但是，每个孩子又不一样，即使同一家庭的孩子，兴趣、脾气都不一样，需要父母用心观察，找到孩子自己的“点”，然后由点及面，因材施教。

七、 为什么有的孩子不要父母管，就会自然成材；有的父母却心力交瘁，也没培养出好孩子呢？

世界上没有免费的午餐，凡事都经过了努力。只是有的努力得法，有的努力不得法。

看似不要管的孩子，其实是父母在0—5岁的阶段花费了足够多的心思。“三岁看大，七岁看老”，当好习惯养成后，教育就轻松了，这叫“有教无痕”。所以，学龄前儿童教育的重要性怎么强调都不过分。

心力交瘁的家庭一般没有重视早期教育，或早期教育不得法。有的家庭太重视立竿见影的智力培养，轻视了孩子的品德教育、阅读习惯、运动体能、情绪培养和社会交往等，这是短视行为，结果是“欲速则不达”。

八、 父母的教育观不一致怎么办？

由于父母双方来自于两个家庭，甚至两种文化氛围，在教育孩子的问题上有分歧是正常的。但是，如果父母各自固执己见，常在孩子面前表现出来，这是家庭教育的大忌。怎么办?

1. 在怀孕期间就要讨论双方的教育观念，有预防性地讨论，积极达成一致的观念。

2. 有了孩子后，平时要多沟通、讨论，双方多了解对方的教育价值观。

3. 出现问题后，要理智对待，冷静处理。如果一味争执，无论表面谁赢，其本质都是输，因为问题非但没有解决，还会伤害孩子。

4. 如果双方观点实在不能统一，就找出折中的办法，起码不能在孩子面前表现分歧。孩子从 1 岁起就能察言观色，父母的分歧会使之感到无所适从。

参考文献:

1. 郭志芳. 张德乾. 小学生厌学的主要原因: 学习负担过重［J］. 基础教育研究，2012.

2. Carter, C. (2011). Raising happiness: 10 simple steps for more joyful kids and happier parents. New York: Ballantine Books.

3. Heckman, J. J. (2014). The myth of achievement tests: the GED and the role of character in American life (ed. with J. E. Humphries and T. Kautz). Chicago: University of Chicago Press.

4. Tough, P. (2013). How children succeed: Grit, curiosity, and the hidden power of character. New York: Mariner Books.

第二章 ▶ 健康安全：小运动员的好教练

本章概述：主张带孩子多享受户外的日光风雨、花草树木；室内运动要因地制宜，选择合适的锻炼方式。把生活场景与健康安全教育融为一体，让孩子体会运动的乐趣，培养积极生活的好习惯。

1. 婴儿亦可散步

我和我先生有孩子之前很爱运动。有了孩子后，运动大大减少了，但是，即使很忙，我们也会抽空到户外运动一下。我的双胞胎儿子在三四个月大的时候，我们用绑婴儿的带子（Baby Wrap）一人前面绑一个孩子，一起去外面散步，这样孩子可以呼吸新鲜空气，看到外面的世界，有时我们走动的韵律也能帮助孩子睡眠。我和先生手牵着手，一家四口就这样在社区里散步，呼吸新鲜空气，增进交流和感情。

孩子在五六个月可以坐起来时，我和先生把他们放在婴儿推车里，这样他们就可以看到花花草草，还有小鸟、松鼠等小动物。天气好的时候，我和先生会带他们去公园，在草地上铺上一个大毯子或者布床单，放上几个他们喜欢的玩具，让他们在上面翻滚、爬着玩，这样既可以接近自然，又可以锻炼翻爬能力。有时候我们会跟他们玩些游戏，比如把玩具放在毯子的一边，让他们爬过去拿，甚至会让他们比赛去拿。因为泽泽比鸿鸿先学会爬，他总是赢。有时候，我和先生什么也不干，就让孩子们趴在我们身上晒太阳、睡觉。不过一定要记得给孩子擦防晒霜、戴帽子，因为阳光里的紫外线很强烈，不注意会晒伤宝宝的皮肤的。

这样温馨的亲子时光与其说是在亲近阳光、享受大自然，不如说是在强化孩子生命早期与父母的纽带感和安全感。

2. 与爸爸一起跑步

我先生很喜欢跑步，春夏秋冬从不间断。我生孩子前也喜欢跑步，所以很鼓励孩子们和我们一起运动。在孩子5个月的时候，我给我先生买了一个双人跑步推车作为他的父亲节礼物。有了运动用的双人推车后，我先生既可以带孩子去运动跑步，又可以让我有休息的机会。通常，在出去的路上，孩子们很兴奋，叽叽喳喳，东看看西望望，没多久，推车的颠簸，让他们很容易就入睡。这样一举几得。很多时候，因为呼吸了新鲜空气，孩子们睡得很沉、很香。

孩子们1岁多可以自己走路跑步了，如果他们想自己跑，我先生就会让他们跟在他后面跑。有时他会把推车放在路边，让两个小家伙自己跑，或者他们三人比赛跑来跑去。累了，我先生又跑着把他们推回来，他们可以乘机睡一觉。泽泽和鸿鸿学会骑自行车后，爸爸在跑步时，他们就会骑车跟在爸爸的后面。

后来我决定也跟着跑，可以让我尽快减掉怀孕时增加的体重。为了让我们能够持之以恒，我们全家加入了一个家庭2500米跑步竞赛。大牛推着泽泽和绮绮，我推着鸿鸿，虽然没有得奖，但是我们一家不停顿地跑完了，也算是成绩不错。

爸爸是孩子的第一任体育老师，1—5岁是孩子学跑步的最佳时期，爸爸带领孩子跑步，不仅可以锻炼孩子的身体机能和协调能力，还能教孩子一些正确的运动理念与习惯。比如，跑步时眼睛要向前看，注意突然出现的车辆；要避开土堆和碎石子，以免跌伤；不要张口呼吸等。

另外，男性有很多女性不具备的优点，通过互动可以传递给孩子，对其成长大有裨益。男性在家庭中多扮演着“责任承担者”的角色，孩子会在日常生活中观察到爸爸的一言一行，这些言行对孩子有潜移默化的影响。爸爸的放养和宽容给了孩子“去做吧，一切有老爸在，你可以尝试全世界”的暗示，让孩子的“主见”得到肯定。于是，孩子可以更大胆地去独立尝试一些东西，去探索未知的世界。经常与爸爸在一起的孩子除了更愿承担责任、更有主见外，心态也更宽容和开放，思维方式更加理性而有逻辑。

在孩子的成长过程中，爸爸不能老是以工作忙为由缺席孩子的教育。爸爸的陪伴对孩子的成长弥足珍贵，如果确因工作忙不能现场陪孩子，也可以用电话、视频聊天等方式来弥补。

3. 户外户内皆可做游戏

美国很多社区附近都有免费的儿童公园。为了不宅孩子，只要天气好，并且没有其他活动，我们都会带孩子去公园玩。公园有各种玩具设施，秋千、跷跷板、滑梯、城堡、单杠、爬梯等都是为孩子们所建，是很好的资源。有的公园还有绕湖的人行路，我们有时会带着孩子们的自行车，让他们绕着湖骑车，我们跟在后面走或者跑步，也能锻炼身体。有的公园有林间小路，可以让孩子们踏青。孩子们通常很爱在林子里玩，可以发现很多有趣的昆虫和小动物。还有的公园有水和沙地可以玩。我们附近一个公园里，还有一个舞台。有一次，看到别的两个孩子在上面唱歌、表演，泽泽和绮绮也加入了，唱的是中文和英文儿歌，让其他两个小朋友和他们的奶奶赞赏不已。还有一次，我们一家在那里表演了灰姑娘等童话故事。所以每周去不同的地方，能让孩子们总有新鲜感！

国内的家长可以抽出时间带孩子去公共场所一起玩。锻炼玩耍可分为户内和户外，也可分为长锻炼和短锻炼。如果遇到雾霾天，可加强户内锻炼。比如，爬楼梯与登山效果类似，锻炼下肢骨骼，增强心肺功能，促进新陈代谢。跳绳是一项全身运动，能增加肌肉的强度，摇绳时，手臂和肩膀的参与，能让肩部的肌肉得到锻炼，增强心血管、呼吸和神经系统的功能，是很好的有氧运动。在天气晴朗空气好的日子里，多带孩子走出户外，接触清新的空气、花鸟虫鱼，与外面的同龄人交朋友。

事实上，密歇根有漫长的冬天，室外白雪皑皑，我们在室内准备的很多玩具和游戏都是促进孩子们运动的。会爬的时候，总是和他们玩球，他们追着球爬来爬去。9—10个月后，我们买了帮助他们走路和骑车的恐龙车，他们都很喜欢，蹬着、推着满屋子走。鸿鸿喜欢拖地、扫地，我们就让他拿着工具满屋子拖地、扫地，只要不打着人就行。

为了他们在室内有更多的运动，我们还给他们买了儿童篮筐，放在地下室，他们就会追着球，练习投篮。

其实孩子们很有创造力，什么都可以成为他们的玩具。我们家的简易冷藏箱，有个轮子，他们就把它变成拖车、人力车，拖着到处跑。我还有一个大大、软软的蓝色的运动球，孩子们非常喜欢，经常滚球、追球玩。他们自己还想出了一个被他们叫作“宝宝保龄球（Bowling for Babies）”的游戏，还有不同的玩法。其中一个玩法是：鸿鸿站在屋子的一头，泽泽站在对面向鸿鸿滚球，鸿鸿向泽泽的方向跑去，尽量不让球碰到；碰到了，就该鸿鸿去滚球。这样，他们跑来跑去，非常开心。绮绮虽小，有时也参加。

我认为，有心带孩子运动，办法总是多于困难。像以上我们家的室内运动只是给读者提供借鉴，我相信你们有更多更合适的活动方式。

图2-1　茶几角的软垫子

图2-2　电插头和盖子

生活很有趣，但生活中的安全隐患无处不在，如果家长不注意安全问题的教育，万一出事，对孩子的伤害将无法弥补。我们在家里作了一些防护措施：比如茶几、与孩子头齐边高的桌子的边角，我们都买了软的垫子（商店有专门的包桌子、茶几用的）包起来，这样他们摔倒了就不会碰伤。把电插头的孔用买回的专门的盖子堵上，收起不必要的家具。从孩子安全的角度审查家里的环境，调整有隐患的地方，防患于未然。比如说我家客厅里有壁炉，壁炉前面是很硬的台子，台子的角很尖。我们就在前面放了一个沙发，这样他们就不会有碰着的危险。我们还买了一个室内、室外都可以用的围栏。他们一两岁的时候，我们把有危险的地方，如把电视机、音响给围起来，这样我们也不用老担心他们会碰到，会去玩插头等。

4. 棒球场上的追逐

美国很多公园旁边是各种球场。周末天气好的时候，我们一般会带他们去家附近的公园玩，同时我们也会带一些足球、棒球（塑料做的玩具，即使打中了也不伤人）。孩子们在公园玩腻了，通常会踢足球和打棒球玩。他们经常看到大孩子们打棒球，所以总想试一试。我们就拿出带来的玩具球棒和球，让他们打着玩。一般我或者我先生投球，让孩子们轮流用棒子打球，另外两个就沿着棒球场的基地跑着接球，这样既可以教他们打球，锻炼身体，还可以培养团队精神。孩子们都很投入地打球，要不停地练习，用棒子打到球了，就非常兴奋。打一会儿后，他们就开始追逐对方，沿着球场的基地不停地跑来跑去。有时候，我或者我先生也加入追逐，让他们追起来更有趣。他们每次都乐此不疲，直到累了为止。回来后，有时他们还想练习打球，我们就在自家院子里练习。等他们大一点，我会给他们买手套，让他们练习打棒球。

兴趣是最好的老师。孩子都爱做自己感兴趣的事情，而且不会感到疲惫。在体育活动中，孩子对运动本身是否感兴趣至关重要。苏霍姆林斯基说："让学生体验到一种自己在亲身参与掌握知识的情感，乃是唤起他们特有的对知识的兴趣的重要条件。"运用到体育活动上就是说运动中的情感体验非常重要。孩子们热爱运动，在运动中获得愉悦的情感，这是孩子终身喜爱运动的必要条件。

5. 家庭足球队

我们的孩子从小就喜欢球。儿子们两岁的时候，我们就给他们每人买了一个足球作为圣诞礼物。冬天的时候，让他们在家里踢足球玩。到了天气暖和的时候，我们就带他们到外面，特别是真正的足球场。有其他小朋友在玩的时候，就邀请他们一起玩。有一次，我先生带着泽泽、鸿鸿去踢球。泽泽和一个小女孩一队踢了一次球，玩得很开心。因为他们一起踢进了好多次球，而且越踢越好。我先生对他们说，这样就叫练习，练习的目的是越踢越好。回来后，他一进门就告诉我说："妈妈，

图 2－3　绮绮踢足球

妈妈，我今天交了个女朋友！我们今天练习踢球了。我们进了很多球！”我很高兴地说，“真的？你交到女朋友啦？你的女朋友叫什么名字？”泽泽说：“我不知道，可是我们一起踢球了！”还有一次，我们一起去踢球时一个比他们小的女孩想踢球，泽泽竟然当起了小教练的角色，教小女孩怎么踢。他告诉小女孩不能用手，只能用脚和身体的其他部位。能够有机会教别人，让泽泽信心大增。

有时候，我们一家都去踢足球。有时是男队对女队，有时是泽泽、绮绮和妈妈一队，爸爸和鸿鸿一队。不过绮绮还没弄清楚规则，总是抱起球就跑，有时干脆就趴在球上，不让抢。不过，我们通常有备用的球，这样绮绮高兴了，泽泽、鸿鸿也可以踢球了。

踢足球也增进了他们的学习兴趣。有一次我带他们去图书馆。泽泽对图书管理员说他要借关于踢足球的书。图书管理员就给我们推荐了关于足球的书。泽泽挑选了几本他喜欢的带回家。有一本《贝贝熊踢球了》（*The Berenstein Bears Get Their Kicks*）讲的是贝贝熊兄妹参加社区球队比赛，转变不喜欢足球的熊爸爸对足球的态度的故事，故事幽默风趣。还有一本是讲基本足球规则的儿童绘画本《我的足球书》（*My Soccer Book*），语言生动，浅显易懂。他们三个，特别是泽泽，都很喜欢看。踢球也能帮助孩子在学校里多交朋友。泽泽放学回家经常跟我们说，他和另一个班上的一个叫路易的男孩一起踢球。路易的爸爸是巴西籍，所以总穿着巴西国家队的球服。

为了培养他们对足球的兴趣，我先生在周末或者有大的足球赛的时候，经常和孩子们一起在电视或者电脑上看球，给他们讲解规则。有一次，墨西哥队和美国队的足球比赛让他们理解了国家足球队的概念，他们都发誓要为美国队踢球。孩子们的奶奶还给他们买了美国足球队的队服作为礼物，这身衣服一直是他们的最爱，常年要穿着。

培养孩子对运动的情感并不是口号，而是需要家长身体力行。尤其重要的是，父母要以身作则地热爱运动，了解运动规则和技巧，才能给孩子讲解和示范。

6. 学骑三轮车、滑板车

天气暖和的时候，孩子们最爱的运动是骑三轮车和滑板车。小的时候，我们用有推手的三轮车帮助他们，随着他们力气大了，自己能蹬了，就自己蹬三轮车。泽泽最喜欢骑车，骑得飞快。爸爸有时推着鸿鸿和绮绮去跑步，泽泽就会骑着他的三轮车跟在后面。鸿鸿一开始很害怕骑车，后来我们发现他更喜欢滑板车，就给他买了滑板车。有时我们一家人，爸爸或妈妈推着绮绮，泽泽骑车，鸿鸿玩滑板车（或骑车）在我们的小区里玩。小区里车少，过马路比较安全，孩子们对环境很熟悉，所以也比较放松。每人都有头盔、护膝、护腕和手套，即使摔倒了也不疼。有这些装备后，孩子们就能放开去学了。绮绮带上护膝、护腕和手套后，发现摔得不疼了，就故意摔倒，觉得很有趣。骑车累了，大家就在家门口的车道上用粉笔画画，休息好了，又可以去骑了！

有时候我们也会把他们的三轮车、滑板车带到公园里，让他们去玩、去练习。有一次，带他们去公园的时候，正好碰到了一个大型的铁人三项比赛。我们看到很多人骑车、跑步、游泳，其中有很多人还得了奖。看了这么多人比赛后，泽泽对我说：“妈妈，我长大了也要参加这样的比赛。我骑自行车很快，游泳也很快，我跑得也快呢！我也会赢的！”我说：“那当然了，你骑车、游泳、跑步都很棒，一定会赢的！”我想，这次来公园有很好的意外收获：他喜欢运动的种子已经播下了，以后要多带他们参加这样的体育活动。

很多孩子都喜欢骑车，家长也给孩子买三轮车、滑板车，但是，给孩子买头盔、护膝等安全设备，却不是每个中国家庭都关注到的。有一次我在上海的某个小区里，亲眼见到一个小男孩骑着三轮车，撞到花坛边，磕破了膝盖，孩子哇哇大哭，爷爷心疼不已。如果那个孩子戴了护膝、护腕不就没事了吗？防护用品在上海的每个运动器材店都有卖，只是有的家长没有这种安全意识罢了。如果买三轮车或滑板车时，顺便买上防护用品，举手之劳，却为孩子的身体保驾护航，何乐而不为呢？

7. 秋扫树叶冬铲雪

我们住在美国中西部的密歇根州。秋天的时候，我们得扫树叶，以备过冬。每次扫叶子孩子们都要帮忙，这样，他们既可以玩得尽兴，又极有成就感，还能在外面呼吸新鲜空气。鸿鸿从小就喜欢干大人的事，可以用小耙子、扫把帮忙，在外面玩很长的时间。

密歇根州的冬天较冷，而且很漫长，经常下雪，但我们还是尽量让孩子们有在户外玩的机会。每次下雪后，最重要的任务是要把车道和人行道的雪扫干净，这样车子方便进出，行人也安全。儿子们两岁多的时候，会要求和我先生一起去铲雪。铲雪的时候，孩子们可以堆雪人，也可以拉雪橇玩。不过一定要穿上防水的雪裤、羽绒服、帽子、手套，以免冻坏。玩完后，他们进屋，我已经把热巧克力牛奶给他们准备好了。这也是他们最喜欢的户外活动的收尾！

除了铲雪外，我先生也会用雪橇拉着他们在社区的雪地里玩。天气好的时候，我们会带着他们到附近的小山丘上去滑雪橇。除了绮绮，儿子们都拉着自己的小雪橇爬到坡顶再滑下，运动量大又好玩，孩子们非常喜欢！

将家务劳动和体育锻炼结合起来，培养孩子的独立生活能力和家庭和谐意识，这对孩子的成长有很多好处。家务劳动锻炼了孩子的身体协调能力、动手能力以及对事情的分析、判断、安排的统筹能力。劳动中孩子的双手都得到了锻炼，有益于左、右脑的开发。劳动促进了呼吸和血液循环，促进了生理的新陈代谢，有利于大脑的发育；在家务劳动中，孩子与父母面对共同的劳动任务和目标，让孩子懂得做家务人人有责。孩子感受到他/她是家庭中的一分子，变得更加勤快。孩子分担家务劳动后，会懂得关心父母、体贴父母，而且在日常的共同劳动中还会增加孩子对父母的信赖和感情，从而给家庭带来一种融洽、和谐、欢乐的气氛。虽然我们带孩子们扫树叶、铲雪的初衷是玩，不是为了帮大人做家务，但事实上起到了以上的作用。

8. 院子是个好游乐场

我们家的院子很大，又有围栏，孩子们在里面玩很安全。天气好的时候，孩子们放学后，就跑到院子里玩。周末大热天，我们也在后院玩。我们会做各种游戏，比如打开水管子，让一个人追着其他人喷水，又刺激又可以给草坪浇水。我们后院还有一个大沙坑，孩子们随时都可以在里面玩沙子。有时我们一家人一起玩飞碟。一个人扔，另一个人去捡。因为孩子们目前还不太会扔，捡的时候多，跑来跑去，运动量很大。有时我们会拿出足球，让他们在院子里踢。不过他们有时会在前院子里玩，前院没有围栏，与马路相连，因此我们要随时监督。强调任何时候，即使球滚到路上了，他们也不能去捡，只能由爸爸妈妈去捡。他们知道上马路很危险，所以还是很听话的。球、飞碟或其他的玩具掉到马路上，都会等我们去捡。玩累了，我会为他们准备一些点心和水，让他们休息一下，补充能量。他们呢，有吃、有喝、有玩的，很是快乐！

我们在家里除了对孩子进行用电、用水、爬高等安全教育，还注意到前院与马路相连是重要的安全隐患。“孩子上马路很危险”是我们常挂在嘴边的一句话，强调多了，孩子们就会从被动接受变为主动地注意。有一次，女儿最喜欢的一顶粉红色的帽子被风吹到了马路上，她跑到马路边下意识地立即停下。就在这时，一辆小汽车急驶而过。如果孩子没有主动的安全意识，后果将不堪设想。所以，安全教育是孩子不可或缺的长期课程。

9. 今天我们去游泳吗

我们的孩子从小就喜欢玩水，所以我们夏天经常带他们去水上公园玩。绮绮在水里胆子比较大，比两个哥哥还无所畏惧。我们去的一个水上公园里有一个青蛙水滑梯，两个哥哥刚开始还不敢上去，想不到两岁的绮绮一点都不害怕，自己排队上去往下滑，我们就在下面接着她。看到妹妹这么乐此不疲，一点都不害怕，两个哥哥也放开了，敢去滑了。看到孩子们这么喜欢玩水，我们在女儿两岁的时候，让他们三人都去游泳学校学游泳，每人一周一次课。另外，周日我们全家一起游一个半小时。因为是室内游泳池，所以一年四季都可以去。现在孩子们都会游泳了，而且他们的水性也很好， 都能够在水里做各种像花样游泳似的高难度翻腾动作。最重要的是，每个周末孩子们都很期待和我们一起在游泳池里嬉戏。每到周末，他们都会问：“妈妈，今天是家庭游泳时间吗？”

游泳是一项很好的运动项目。曾有人做过专门的实验，游泳时人的胸廓要受到12—15kg水的压力，要想使身体获得足够的氧气，呼吸肌就必须不断克服这种压力，因此对心肺功能有好处；经常去室外游泳，与新鲜空气、水接触，而且太阳光直接照射在身体上，可以防止缺钙和佝偻病的发生；游泳还被称为水上健美操，由于水波浪不断对人体表皮摩擦，从而使皮肤得到更好的放松和休息，经常参加游泳锻炼的人，都有一身光洁、柔软的皮肤，而且身材健硕美丽；游泳不但是一项体育项目，还是生活中不可多得的工具与技能，有时甚至是生命的保障。

游泳中的安全问题非常需要家长重视。常说“水火无情”，有专家不赞成4岁以下孩子游泳，原因是成人照顾不周容易引起孩子溺水。但是，游泳有那么多好处，我们不能因噎废食，只是在游泳过程中，父母要时刻关注孩子的动向。

10. 我们出去玩吧

我们住的地方春夏秋冬四季分明，每个季节都很美。我们不想错过这些季节，尽可能带孩子去接触大自然。夏天，我们带他们去五大湖边游玩，带他们在湖水里嬉戏，沙滩上捡贝壳，划船、散步、放风筝，其乐无穷。夏天的果园里，摘蓝莓和草莓也是很好的活动。秋天，是收获的季节，我们带他们去附近的农场摘苹果、南瓜，在玉米地里走迷宫。我们还会带他们去植物园里看各种花草，玩各种户外游戏，包括抓鱼、玩水。孩子们对恐龙很感兴趣，我们就带他们去植物园的儿童园里去玩沙子、挖“恐龙”。这个年龄的孩子喜欢动物，我们除了带他们去农场看动物，还带他们去动物园里玩，他们特别喜欢抚摸小动物，给小羊刷毛，还给长颈鹿喂菜叶子。当地蝴蝶馆开放的时候，我们会带他们去看蝴蝶。

为了开阔孩子们的视野，我们尽可能参加当地的中美文化活动。一般的文化节日，比如一年一度的艺术节都有孩子的活动，如唱歌、模仿小动物，还有画画、吹泡泡等。每个艺术节都不同，所以孩子们每次去都感到很新鲜。我们这里偶尔也有关于中国文化的活动，比如赛龙舟、舞狮子、春节晚会，我们一定不会错过。比如每年中秋节左右看密歇根州立大学孔子学院组织的赛龙舟的时候，我们鼓励孩子们跟着他们喜欢的龙舟，沿着河边边跑边给他们的龙舟队加油。这样既看了龙舟赛，又锻炼了身体。他们各自有自己喜欢的龙舟队，比如绮绮喜欢穿粉红色队服的队，鸿鸿喜欢绿色的龙舟，泽泽喜欢红色的龙舟。看完后，他们对划船也很感兴趣。在周末家庭游泳的泳池里有条船，他们就学着划船，乐此不疲！除了这些活动外，我们还带着孩子们去艺术馆、科学馆、博物馆。总之，孩子们周末总是过得很充实。

充分利用社区现有资源对孩子进行教育很重要。我们生活的东兰辛社区，四季风光优美，可谓“淡妆浓抹总相宜”。孩子们在五大湖边，在动物园，在社区文化节，不仅参与多种活动，强健体魄，还体味家乡之美。在中国，越来越多的研究人员开始关注社区文化与孩子成长。据说广东有一个社区的口号是“运动就在家门口”，后来改为“教育就在家门口”，就是要将社区与教育结合。作为家长，如何根据社区特点，结合孩子的年龄特征，设计丰富的适合孩子玩的游戏或项目，对孩子的成长大有益处。

11. 出行安全

我们经常以车代步，所以从小就要训练孩子们的出行安全意识。

出行安全的第一条就是使用安全座椅和安全带。在美国，法律规定孩子一出生，从医院把孩子领回家一定要用婴儿车座。医院里有免费帮忙调试、测试婴儿座的服务。婴儿座一般放在后座，背朝着前座。出行时，孩子都是要坐在自己的婴儿座上，系上安全扣。等孩子长大了，不能面朝后的时候，才可以把车座转过来，孩子面朝前坐着，也是要系上安全扣的。儿子们在车座上一直坐到快5岁，后来车座太小了，我

们就把车座转换成垫座（我们买的是多用型的），让他们系上车里配备的安全带。

我们一直很注意灌输系安全带的意识，特别是在他们四五岁自己能解开、系上安全带的时候。他们觉得自己很有能力，安全带很好玩，所以有时坐在车里玩安全带，而不愿意系上。有时，他们还在车子行驶时，打开安全带去捡东西。如果他们中途把安全带打开，我们会很严肃地告诉他们这样做的危险性，并告诉他们警察叔叔会来责罚我们。如有可能，我们会把车停到路边，直到他们系上安全带再上路。为了帮助他们主动系上安全带，我们用了一些游戏的方式，比如，我们会说："第一个系上安全带的孩子是个大英雄！最后系上的人是个小坏蛋！ 谁想当特别的人？谁想当臭鸡蛋？"儿子们听后，争先恐后系上安全带，一边扣安全带，一边说："我要当特别的人！"当然，由于我们要帮绮绮扣安全扣，所以我们总是最后到自己的座位，最后系好安全带。儿子们就很开心地笑我们："哈哈，爸爸/妈妈是臭鸡蛋！"我们就跟他们击掌鼓励说："你们扣得太快了！你们是非常非常特别的人！"

出行安全第二条就是上车前、下车后不能乱跑。我们告诉他们下车后一定要牵着爸爸妈妈的手，不能乱跑。泽泽两岁多的时候，有一次大牛去接他们，泽泽一看到爸爸就兴奋地跑过去，停车位正好在路边，泽泽差点就跑到街上。这时一辆车呼啸而过，幸亏大牛及时把他喊住了。从那以后，如果一个大人带他们出行，我们一般只打开驾驶者这边的车门，他们都从我们在的这边上车、下车。我们还强调他们在停车场的时候，无论什么情况都要牵着爸爸妈妈的手。有时我们会在下车前提醒他们牵手的规则。这样下车后，他们就不乱跑了。有时，我也会做一些游戏，比如我会说："小鸭鸭们，快牵手跟着鸭妈妈过河了！"他们就很开心地牵着我的手了。

出行安全的第三条就是要孩子们待在爸爸妈妈的视线里。三个孩子有时会跑向三个方向，所以出行时这一点很麻烦。我们从他们能听懂话的时候就强调这一点。也是因为这个原因，我们很少带他们去乱哄哄的嘈杂的地方，而是选择比较宁静的、有序的地方。如果去大商场，一般我们会两个人分工盯紧孩子。有时大牛盯两个，有时我盯两个。如果上厕所，大家一起上，不能让一个孩子在外面等或者自己去。

这样的出行，爸爸妈妈之间的交流、交接很重要。2014年的夏天，我们带着三个孩子参加附近中文学校在公园里举办的野餐活动。因为是我们熟悉的公园，有很多认识的小朋友在场，我就跟很久不见的华裔朋友们聊了一会儿。大牛则带着三个孩子到公园的儿童游乐场玩。我虽然在聊天，还是远远地盯着三个孩子。一会儿我突然看不见他们了，就过去找他们。发现大牛和鸿鸿、绮绮在一起，泽泽竟然不在。我问大牛：“泽泽呢？”大牛说：“他去找你了，他不跟你在一起吗？”因为路程很近，大牛就没有给我打电话告知。我根本没看见泽泽来找我。我一下慌了，到处找，没找到，后来又叫很多朋友去找，也没找到。我都急得哭了，觉得天都快塌下来了。情急之下，打了电话给警察。刚挂了给警察的电话，我就远远看见在公园尽头专给孩子玩自行车的区域里泽泽的头顶出现了——还没看见他的脸，我就知道是他。跑过去一看，谢天谢地，真的是泽泽！原来泽泽在来找我的路上看到玩具自行车道上有个小天桥，他觉得很好玩，就跑到天桥下玩。因为天桥在公园的最边上，大家都没注意去找，所以没找到他。

这次事件后，我和大牛学到了不要自以为是、一定要随时沟通的重要性。我们也用这次的经历告诫孩子们，玩的时候，一定要在看得见爸爸妈妈的地方。泽泽后来知道我们很担心他，到处找他，很内疚，保证以后不乱跑了。鸿鸿和绮绮也知道乱跑会有很严重的后果。

出行安全的第四条是注意在家停车、出车安全。我们告诉孩子们不要站在车后，因为他们太小，一般开车的人都看不见他们，所以很危险。我们有两辆车，所以一个人停车的时候，如果孩子们都在外面，我们一般在路边等孩子们都进屋了，或者离开车道去草坪上时，才开进车库。同样，如果一个人从车库开车出去，孩子们必须离开车道，以保安全。

出行安全的第五条是不能拿陌生人的糖果、玩具、上陌生人的车。这个意识我们从他们很小的时候就开始灌输。他们开始不懂，问为什么，我们就解释说："有时候坏人会用糖果、玩具骗人，把你们从爸爸妈妈身边带走。这样爸爸妈妈就会很伤心，你们也会很伤心的。"他们又问："坏人长什么样？在什么地方？"我们就解释说："我们不知道谁是坏人，会在哪里，所以我们不能要陌生人的糖果、上陌生人的车，因为这个陌生人就有可能是坏人啊。" 他们又问："那警察知道坏人在哪里吗？警察会来抓他们吗？"我们说："有时候警察也不知道坏人在哪里，所以有些坏人警察找不到的。"为了帮助他们理解这些，我们和他们表演坏人骗小孩的场景。比如，我装作一个陌生人，我对他们说："小朋友，我这里有棒棒糖/巧克力给你吃。你到我的车上来吃好不好？"我问他们："你们接受吗？"他们都说不。鸿鸿还说，如果坏人来了，他会踢他、咬他。很欣慰的是，2014年12 月的一个星期天，我们带孩子们去科学馆玩，泽泽和一个比他大的陌生女孩一起玩。那个女孩很喜欢他，就给他吃薯片，他看了看，说："不要，谢谢！"看来他记得我们的教诲！

安全教育是家庭教育的底线，这些规则要常讲不懈，还要通过游戏、表扬等方式深入孩子的内心。

答疑解惑

一、什么锻炼项目适合1岁以内的婴幼儿？如何做？注意事项有哪些？

三四个月时，可以把婴儿用绑带绑在胸前，父母与孩子一起散步，呼吸新鲜空气，走动的韵律也能帮助孩子睡眠。

五六个月以后，婴儿能够靠背而坐，可以放在婴儿推车里走出家门；也可在草地上铺上毯子，让孩子在上面自由翻滚着玩，或与孩子做游戏。

1岁多可以走路时，带孩子出去散步。累了，就让孩子睡在推车里。

注意事项：谨记防晒。可用婴幼儿专用防晒霜。

二、适合幼儿的户外运动有哪些？安全事项有哪些？

公园、公共绿地、树林、动物园、运动场、社区等，都有令孩子喜欢的户外运动。荡秋千、玩跷跷板、滑滑梯、拉单杠、观察小动物、踢足球、打篮球、骑自行车、跑步、唱歌、跳舞等都是简单易行的项目。

有些项目可随季节而改变。春天放风筝、踏青，到植物园看各种花草；夏天在水里嬉戏，到沙滩捡贝壳，到果园摘蓝莓和草莓；秋天去附近的农场摘苹果、南瓜，在玉米地里走迷宫；冬天扫雪，如果你居住的地方有雪的话。

父母要身体力行，“宅爸宅妈”培养不出爱运动的孩子。对运动多些了解，比如孩子踢足球时，可以给孩子讲足球比赛规则，回家后阅读足球绘本，扩大运动的外延。运动是交友的一种方式，鼓励孩子多与小朋友一起玩。还可根据社区特色，并结合孩子的年龄特征，设计丰富的适合孩子玩的游戏或项目。

户外运动安全事项：

1. “马路上很危险”，任何时候，球滚到路上，孩子都不能去捡，只能由大人捡。

2. 孩子爬高时一定要有大人在旁边。

3. 不可碰电线。

4. 给孩子买头盔、护膝、护腕和手套，即使摔倒了也不疼。

三、雾霾天如何运动？安全事项有哪些？

雾霾天只能在室内锻炼。在家里可以爬楼梯、跳绳、滚球、拖地做家务，到体育馆可以游泳、打羽毛球、打篮球。还可去艺术馆、科学馆、博物馆，这里看看那里摸摸，既锻炼了身体，又长了知识。

在家锻炼安全事项：

1. 茶几、与孩子头齐边高的桌子的边角，用软垫包起来。如果家具太大没法包，可以在前面放一样软的物品，如沙发，阻挡孩子碰到坚硬的大家具。也可用室内室外均可用的围栏拦住。

2. 把电插头的孔用买回的专门的盖子堵上，收起不必要的家具。注意从孩子安全的角度审查家里的环境，调整有隐患的地方，防患于未然。

3. 游泳过程中要时刻注意孩子的动向，以防悄无声息的溺水。

总之，只要孩子在运动，总要有一个大人随时盯着孩子，不是管制，而是关注。

四、儿童出行要注意什么？如何教育？

第一，扣好安全带。两岁前，孩子坐专用的婴儿座椅，座椅放在驾驶员后座，孩子背朝前座。两岁以后，可以把婴儿座椅朝前。再大些，比如5岁以后，可以坐车上的位置，但是，必须扣好安全带，而且，行驶过程中不能解开安全带。

家长可以用轻松的方式，强化孩子的安全带意识，比如，“第一个系上安全带的孩子是个大英雄！最后系上的人是个小坏蛋！谁想当大英雄？谁想当小坏蛋？”

第二，上车前、下车后不能乱跑。从驾驶员这边的乘客座下车，下车后一定要牵着爸爸妈妈的手。

可用游戏方式强化牵手的重要性，如“小鸭鸭们，快牵手跟着鸭妈妈过河了！”

第三，待在爸爸妈妈的视线里。家长少带孩子去嘈杂的地方，即使去商场，必须紧盯孩子；去厕所，也要与孩子同进同出。如果父母两个人一起带孩子出去，要多沟通、交流，以防出现安全空隙。

市场上可以买到附防丢失带的儿童背包，就是包包上系一根长长的带子，家长抓在手上或系在自己身上，确保孩子不会丢失。家长也可以自制一根防丢失带。

第四，停车、出车时要提醒孩子不要在车前或车后。孩子们个子矮，开车的人看不到他们，容易造成危险。家长一定要让孩子站在自己视线看得到的地方，或者确保他们已经在安全的地方，要不然就不能启动车子。

第五，不能要陌生人的糖果、玩具等，不上陌生人的车。被陌生人拐骗不仅发生在小孩身上，连大学生都有，所以，家长一定要从小灌输防拐骗的安全观念。

可以采取与孩子表演小品的方法预防拐骗。可以多预设一些场景，如一对一扮演小孩和骗子；或者一个小孩对几个骗子，有的骗子用糖果，有的骗子用玩具，有的骗子装可怜，还有的骗子说爸爸妈妈有急事要孩子赶紧跟他/她走……总之，家长多设计一些骗子的花招，教孩子识破骗子。还可以让孩子扮演骗子，孩子就能体会骗子的心态。

第三章 ▶ 自主独立：放手“中国式溺爱”

本章概述：相信孩子有能力，给孩子实践机会，使其参与日常生活事务，用身体感知生活的点点滴滴；给孩子经历错误的机会、试错的机会，以及在错误中学习和改正的机会。只有让孩子参与实践、经历错误后制定规则，家长才能更好地“放手”。

1. 训练独立睡觉

培养孩子独立睡觉是每个新手爸妈面临的大问题。在美国，医生不建议爸爸妈妈和孩子同睡，因为新手爸妈很累，要是在熟睡中翻身，有可能压着孩子，会很危险。很多美国孩子一生下来就和父母分房睡。我们的孩子是双胞胎，跟大人睡更加困难。但是由于他们早产一个月，我们又不放心他们完全自己睡。折中的办法是，我们使用了一个婴儿同睡卧铺（奶奶给孙子们的见面礼物）。同睡卧铺的作用是放在爸妈的床边，以便婴儿和父母同睡。有些父母也用小摇篮，但是摇篮用不了多久，孩子就大了。但这个同睡卧铺可以把上面的一层拿掉，变成婴儿可在其中游玩的游戏围栏，以供他们长大一点的时候在里面玩。这种床还可以折叠，旅行的时候也可以带，很实用。

我们把同睡卧铺放在床边，这样又安全又方便喂奶。因为双胞胎早产了一个月，我们想了解了他们的习性后，再训练他们独立睡觉，睡整觉。我们按照医生的建议——事实上，美国妈妈苏西·佐丹奴（Suzy Giordano）所写的《婴儿睡眠法：教孩子每晚睡12小时》（*The Baby Sleep Solution: A Proven Program to Teach Your Baby to Sleep Twelve Hours a Night*）也这样建议——在孩子出生的头两个月里详细记录两个孩子的吃奶、排泄及睡眠规律，比如，他们吃母乳还是奶瓶，左奶还是右奶，什么时候尿尿、拉便便。这个月份的宝宝一般2.5—3小时吃一次。白天到了3小时，即使宝宝睡着了，也要弄醒喂奶，因为宝宝需要多吃增加重量。晚上，就不用这么严格，让宝宝睡醒了再吃。

双胞胎满两个月时，我们把他们搬到他们自己的房间里，每人睡自己的小婴儿床。婴儿床有护栏，而且床板的位置可以调整。孩子小的时候床位高，当孩子可以翻爬的时候，就把床位调低，这样他们就掉不出来。当他们能爬出护栏的时候，就把护栏拆掉，成了一个儿童床。孩子房间有婴儿遥感器监控设备，以便我们随时了解孩子的情况。睡觉的时候只要他们一哭，我们就能听见。有时我们把遥感器带到院子里，他们一哭，也能听到。遥感器有音频的和音频视屏的，都很好用。

把双胞胎搬出我们卧室的那天，我们还很担心，觉得他们太小，不能适应独立睡觉。出人意料的是，他们比跟我们在一个房间睡得好——时间长，睡得也沉。我们意识到，跟大人睡在一个房间，影响到双胞胎睡觉了，只是他们不能告诉我们而已。意识到小宝宝可能喜欢自己睡，我们就很有信心地开始训练他们的睡眠了。我们按照苏西·佐丹奴所写的《婴儿睡眠法：教孩子每晚睡12小时》，把每天分成两个12小时段，比如从早上7点到晚上7点或者从早上8点到晚上8点。然后每4小时喂一次奶，一天4次。有母乳喂养就母乳，没有母乳就用奶粉。用什么不重要（也看爸爸妈妈的选择和母乳状况），关键是时间段。比如，如果你的第一个12小时段从早上7：00开始，那么第一次喂奶是7：00（6：45开始给宝宝换尿布、穿衣等，7：00准时喂），第二次是11：00，第三次是下午3：00，第四次也是最后一次是晚上7：00。每次喂奶，包括拍嗝都不应该超过半小时。晚上尽量让孩子睡整觉，慢慢减少晚上喂奶的次数，最终停止晚上喂奶。很重要的一点是，白天爸爸妈妈要给宝宝做很多小运动，而且白天最好小睡两次：前三次喂奶之间各一次，第三次和第四次喂奶之间不要睡觉。

两个半月大的时候，双胞胎晚上竟然真的睡了10到12个小时！像很多宝宝一样，他们也有哭的时候，我们就对他们的后背拍一拍，摸一摸，他们就慢慢入睡了。这样一直到两岁左右，他们自己可以从床上爬下来自由走动后，我们还是坚持同样的作息时间——孩子们习惯了，到点时也就很困了。

我曾听一位中国妈妈讲，她也想培养孩子独立睡觉，但是，夜里孩子总是踢被子，容易着凉、感冒，非常烦心。即使睡睡袋，孩子也会自己从睡袋里钻出来。由于大人夜里一直给孩子盖被子，睡眠不好，很疲倦，白天上班萎靡不振。我家是怎么做的呢？

我家孩子们睡觉用的是睡袋，冬天用羊毛的，夏天用全棉的。这种睡袋与我在国内时见过的睡袋不一样，不是把孩子全部裹在里面，而是让孩子的手臂自由活动。有的睡袋上还有尼龙搭扣，以便家长把孩子绑紧一些，有助于睡眠。这些睡袋上有拉链，孩子解不开。这样的睡袋是像衣服一样穿在身上，孩子根本出不来，就不会着凉了。而且，这些衣服式睡袋都非常柔软、舒服，孩子很喜欢。1岁以内小孩不盖被子，主要出于安全考虑，小孩的手一直在动，但力气不大，如果把被子弄到头上，会影响呼吸，很危险。

到孩子八九个月能自己站起来的时候，就不能用睡袋，只用带脚的睡衣。这样孩子可以全身保暖，又不用担心袜子会被踢掉。有时天气冷，就穿两层或多层带脚的睡衣睡觉，再盖上较轻的棉质的或毛绒的薄毯子，这样，即使踢掉了被子还是不冷。家里如果有空调、暖气，尽量不要把温度调得太高或者太低。太高太低都会增加引发突发性婴儿死亡症状的风险。对婴儿来说，室内最佳温度是华氏70—72度（摄氏21—22度左右）。

到了两岁后，他们完全独立睡觉了，就躺在自己的床上，听我们读睡前故事。一般我们讲的都是他们做主人公的故事，比如泽泽将军、鸿鸿将军打仗，用各种兵法妙计战胜敌人。能说话了后我们通常让他们自己建议要讲什么样的故事，比如泽泽会建议："我要泽泽将军和鸿鸿将军声东击西打败敌人的故事。"我就会把他们白天看过的《三国演义》，或者其他有关的中英文故事用他们做主角来讲。讲完后，固定程序是我们给每人很多亲亲，强调要睡好了第二天才有精神打仗、做将军，然后就关灯、关门，让他们自己睡觉。每天关门前，我会问："世界上最爱你们的人是谁？" 他们都会异口同声回答："是妈妈！"偶尔他们会找理由让我再回去给他们亲亲，一两次之后，我就说再没有亲亲了，他们就慢慢安静地睡觉了。

通常我们发现如果他们白天宅在屋子里没有足够的运动，入睡就比较慢，因为他们不够困和累。如果他们白天经常在户内、户外活动，睡觉的时候，就会很快入睡，而且睡得很沉。

宝宝独立睡觉有很多好处，不仅能培养他们的独立性，而且使孩子的睡眠质量更高，还可避免熟睡中的父母压着孩子的危险。有的家庭在孩子懂事后才想起让孩子独立睡觉，这会增加"分离"的难度，如果孩子在一两个月就开始独立睡觉，就不会有被抛弃的失落感。当然，睡整觉也有些技巧，比如白天训练定时喂奶，吃饱喝足，晚上才睡得香。睡眠的细节也要注意，比如踢被子的问题、光线色彩问题，父母都要考虑周全。

2. 刷牙、尿尿、洗澡

有一次看电视上一个爸爸说他一直给自己的儿子（已经5岁）擦屁股。因为都是爸爸包办，孩子总是要等别人给他擦，自己从不动手。有些爸爸妈妈从孩子出生时就开始为孩子鞠躬尽瘁，一切包办，其实是剥夺他们发展独立能力的机会。

在我们家，爸爸妈妈尽可能培养孩子们生活自理的能力。从两岁左右开始，我们就教他们如何自己脱衣服、穿衣服、刷牙、上厕所和擦屁股。比如，脱上衣是最难的。我们在双胞胎两岁的时候教他们怎么自己抓领口，伸手脱上衣。示范了几次，又练习几次后，他们就会了。之后他们就喜欢自己脱衣、穿衣，甚至不喜欢我们帮助。脱完后，他们自己把换下的衣服放进脏衣服篮子里。后来女儿两岁半的时候，也从哥哥们那里学会了怎么脱衣服，脱完衣服自己把它们放进脏衣服篮子，尿布放进垃圾桶，然后进浴盆里洗澡。

中国父母常常在把尿和纸尿裤的选择之间存在困惑。我没有按照中国传统的方式训练（从婴儿几个月大就把尿），而是按西方的方法，让他们自行发展。孩子很小的时候，我用的是布尿布。后来孩子们上了托儿所，学校不让带布尿布，我们就用一次性的纸尿裤。晚上我们不把尿，他们穿晚上用的纸尿裤睡觉，这样，大人小孩都睡得好。睡眠对我们很重要！在双胞胎两岁左右的时候，开始训练他们上厕所；到了两岁半的时候，他们就可以自己上厕所了。但是，晚上还是穿着纸尿裤睡觉。穿纸尿裤而不是尿布，是因为他们可以自己穿裤子，不需要大人帮忙，这也训练他们独立照顾自己的能力。女儿自己上厕所较早，1岁半就开始了。一是因为经常看我们教哥哥，耳濡目染；二是那时她的好朋友要升班，只有会自己上厕所才可以升班，绮绮也想升班，就训练自己，在差不多两岁多一点就可以自己上厕所了。

上厕所的训练一定要因孩子而异。泽泽和绮绮自从不穿纸尿裤起，白天很少尿裤子。可是鸿鸿，因为他尿尿次数多，而且碰到好玩或者他感兴趣的活动，不管是听故事，还是玩玩具，即使尿急，他也不愿意离开，所以有时白天会尿裤子。在家我们会经常提醒他上厕所，在学校，我们也请老师多提醒，这样就没问题了。双胞胎4岁的时候，我们开始让他们偶尔尝试晚上睡觉时不穿纸尿裤。有一天，泽泽早晨起来发现他的纸尿裤都是干的，所以他宣布不想晚上穿纸裤子了。从此以后，他即使晚上想尿了，也会自己起来上厕所。但是，鸿鸿还是需要穿纸尿裤睡觉。我们曾经带着鸿鸿去看医生，看看他是否有尿道感染或者其他问题。医生检查后发现一切正常。我们决定让他顺其自然。可以肯定的是，当孩子的身体准备好了，他自己就不会要穿纸尿裤睡觉了。而绮绮，因为她一切都比哥哥们早，所以我想她不久就不用穿纸尿裤睡觉了。

为了方便孩子记住自己要做的事，特别是刷牙，我先生给他们说每天洗澡前要“Teeth，Tinkle, Tub” (刷牙，尿尿，洗澡)。这样很容易记住，而且朗朗上口。 孩子们除了记住自己要做的事，还互相监督。每天洗澡前，他们会自己说， “Teeth, Tinkle, Tub！” 先自己挤牙膏、刷牙，然后尿尿，脱衣服，洗澡（不过小绮绮偶尔还是需要我们帮助，比如挤牙膏）。 他们会说：“我已经刷牙了，现在要尿尿了！” 尿尿完了，他们说：“该洗澡了！我要进到澡盆里！” 有一次，小绮绮先尿过尿，但她刷牙后，又习惯性地坐在小马桶上。 这时她突然想起自己已经尿过尿了。她惊讶地说：“妈妈，我已经尿过了！”我说：“是啊，今晚你是Tinkle, Teeth, Tub, 不是Teeth, Tinkle, Tub!”泽泽呢，发现尿尿后还有一道脱衣的程序，给我们指出应该是“Teeth, Tinkle, Clothes, Tub (刷牙、尿尿、脱衣、洗澡)”。有时候，我会加入一点竞争的游戏，以免他们拖拖拉拉。比如我会说：“今晚谁想当第一个刷牙的？”或者

“谁想第一个去洗澡？第一个洗澡的人可以听妈妈讲故事！”

洗完澡后，我们让他们自己拿尿不湿和短裤（他们晚上偶尔会尿床，所以还穿尿不湿睡觉）、睡衣，自己穿上。只有穿好睡衣的孩子才可以听我们读睡前故事。因为读故事是他们的最爱，这样他们也就乖乖地自己穿好了。

我们家有三个孩子，可以有监督和竞争式的游戏。如果是独生子女家庭，可以爸爸、妈妈、孩子组成三人小组，或者用家里的洋娃娃、动物玩具等组成团队。我们家后来也加上了玩具小兔子，成了四个人的比赛。

3.9个月开始上托儿所

我们夫妇俩都在大学里教书，全职上班，家里没有老人可以帮忙。怀孕的时候在上班，生双胞胎的时候还在上班。

外国人没有坐月子的概念和习惯，所以刚生的时候请了一个中国老太太住家帮忙做饭、照顾我的月子。老太太帮了四五个月就要回家了，后来再找人帮忙带双胞胎玩。请保姆很困难，而且很多保姆的时间不太可靠，比如有时保姆突然生病了或有其他事，我们就会陷入困境。双胞胎是12月生的，接近圣诞节，春季我们夫妇俩都休了1个学期产假，再加上暑假3个月，我们基本上9个月在家带孩子。

2010年9月，双胞胎9个多月的时候，在经历了几次保姆爽约，又发现我已怀了第二胎之后，我们决定给儿子断奶，送他们去托儿所（Day Care，也叫学前教育中心或幼儿发展中心）。托儿所里有婴儿和幼儿班（0—3岁）和学前班（3—5岁）。对绝大多数孩子而言，到了5—6岁就要上幼儿园（Kindergarten），6—7岁上小学一年级。

与在家请保姆相比，托儿所的老师更可靠，即使一个老师有事或生病，总有其他的老师，而且，被国家幼儿教育协会认可的托儿所很正规，一般都有很严格的安全及卫生规则。比如每一个孩子塞到嘴里的玩具都要清洗消毒后才可以给另一个孩子玩。给孩子换尿布后，要给换尿布的台子消毒等。如果孩子有一些生病症状（比如呕吐后24小时等），必须在家，以免传染给其他孩子。托儿所有严格的老师孩子比例，每3个12月以内婴儿就得有一个老师，如果有4个12月以内婴儿，就得两个老师了。美国托儿所可以接受4—6周以上大的婴儿。至于12—28月大的孩子，最多每4个孩子需要配一个老师。老师一般按父母写好的作息时间照顾孩子，比如每个孩子什么时候吃奶，吃什么（父母一般准备好食物带到学校，母乳喂养的可以把奶抽出来冷藏），什么时候睡午觉，有什么特别注意事项（比如过敏症状）等。孩子大一点可以吃主食时，有的托儿所会供应早中餐。

选择什么样的托儿所，我们也做了很多功课。因为孩子很小，我们又没有关于托儿所的经验和知识，就走访了很多当地的托儿所，读了很多关于怎么选托儿所的资料建议，也询问了很多其他父母的经历和意见。我们发现有些托儿所硬件设施很好，但管理不是很好。比如有些新的托儿所玩具都很新，看上去也很漂亮，但是老师也很新，缺乏经验。而且老师更换频繁，这对婴儿很不利，因为婴儿需要与稳定的老师建立信任和安全感。对我们来说，选择托儿所的首要因素是老师的资历、性格、稳定性以及学校设施的安全卫生。我们后来选了一个旧一点的托儿所，里面所有的老师都在这里工作了十几甚至二十年（所长也是创始人），老师们都很遵循卫生安全规则，离我们家也不远，而且接送时间比较灵活。

第一天带着双胞胎上托儿所，心里有些舍不得，也有负疚感，觉得他们才9个月，太小。我们想他们肯定会号哭。可能是我们请过保姆又经常带他们出去玩的原因，他们竟然没有像我们预料的那样大声哭闹，他们看见其他的孩子和新的玩具，立刻很兴奋。稍微熟悉了环境后，他们就忘了我们，忙着玩去了。当然，他们后来意识到爸爸妈妈不在旁边，哭了。但是两三天后，他们就很适应了。儿子们一直在这个托儿所待到两岁半多。后来女儿9个月的时候，我们也把她送到同一个班。可能是两个哥哥都在的原因，女儿也是一滴眼泪都没掉，还乐呵呵的。我们看到他们都很开心，也就放心了。

儿子们两岁十个月的时候，我们决定给他们换个学校——蒙台梭利学校。前面的托儿所太小，更适合对保育要求比较高的婴幼儿，但是对大一点的孩子而言，课程太单一，不符合我们的教育理念。蒙台梭利学校强调培养独立精神，注重自制、自由和自发行动，而且还教孩子怎样尊重他人的工作，怎么与小朋友相处。还有一个长处是蒙台梭利学校很注重孩子和自然的接触，无论春夏秋冬，都鼓励户外活动，参与社区活动及郊游。我们很注重培养孩子的独立性、尊重他人的行为习惯、自我控制的能力以及他们自己的兴趣，蒙台梭利的理念与我们不谋而合，因此，我们决定转学。女儿满18个月后，也转过去了，这样方便接送。

儿子们对新学校很兴奋，也很喜欢，很快就适应了。蒙台梭利学校要求他们进门换室内鞋子，自己脱衣服、挂外套，然后再去做自己的工作，他们很快就学会了。学校还要求他们参与一些教室的公益活动，比如老师会让他们帮忙叠毛巾，参与烤面包，负责收拾桌椅，准备点心，喂教室里的宠物等。这些是以前那个学校都没有的活动，而且学校老师都很强调健康饮食，不让孩子带糖果和垃圾食品到学校。

蒙台梭利学校具有独立的教学模式。在美国，大多数蒙台梭利学校孩子的年龄阶段从18个月到6岁（3岁前叫幼儿班，3—6岁叫基础班），有的蒙台梭利学校甚至还有初高中。蒙台梭利学校有私立的也有公立的。我们就读的那一所节假日都和社区的公立小学的时间一样，另外还有一些其他的假日，经常放假，这对我们双职工来说很困难。我们在新学校放假的正常工作日，把孩子们送到他们以前的学校去，一来他们可以见到以前的老师，二来他们很熟悉那里的环境和活动。老学校还有他们的好朋友。有了两个学校，孩子们也很兴奋。总是问："今天是去哪个学校？新的还是老的？"

2014年夏天，儿子们在蒙台梭利学校待了两年，我们离开了这个学校。原因有点复杂，但总的原则是"以孩子的发展为本"。

原因之一是我们发现学校的管理散乱，校长和班级的老师的教育哲学比较死板——他们认为应该让孩子适应学校，而不是学校适应孩子。比如，2014年6月我女儿要升班了，可是校长、老师之间完全没有共识及交流，害得女儿到时不能升班，被基础班老师送回幼儿班，她很失望，因为她一直很期待升到基础班。我们不得不给女儿编造一个解释，说基础班老师还没有把她的午睡小床和放东西的柜子准备好，等老师准备好了就来接她，她才开心起来了。而鸿鸿与学校之间的矛盾更是激烈，也是转校的导火线。2014年春季，鸿鸿在学校里调皮捣蛋了几次，鸿鸿的老师和蒙台梭利学校的校长就认为是鸿鸿个人的错，而不去思索是不是自己的教学与孩子的沟通有问题，他们也没有去了解和理解孩子为什么捣乱。我们通过与学校的沟通，发现他们已形成对鸿鸿的偏见，而且不愿试着在教学方面调整去帮助鸿鸿。老师问我有什么建议，我说鸿鸿喜欢读书，老师可以给他读五分钟的故事，这样他就会很平静，但老师竟然完全不采纳。而且，鸿鸿几次捣乱是因为老师的孩子（可能仗着自己是老师的孩子）惹他，说难听的话，所以鸿鸿就和他斗、咬他。可是，每次都是鸿鸿受到惩罚，老师的孩子安然无事。他们还建议我们去找心理专家咨询（暗示鸿鸿有问题，像多动症什么的）。美国的老师经常把调皮的孩子列为多动症，所以美国多动症的孩子特别多。学校管理的混乱和老师不负责任的行为让我们很生气。

原因之二是儿子们5岁就要读公立小学了，我们决定试一试其他的主流学校，以便他们适应第二年的学习环境。在美国，公立小学开始的年级相当于中国的幼儿园大班，小学的体系是K年段（Kindergarten）至G5（小学五年级）。

原因之三是这个蒙台梭利学校较小，三个孩子会在一个班级，这不利于他们的个人社交和个性发展。所以我们物色了一个较大一点的托儿所，三个孩子可以在不同的班。

2014年暑假，三个孩子参加了一所大的托儿所举办的夏令营。

该托儿所采用项目教学理念（Project-Based Language Learning)，老师们非常和善，热爱孩子，而且他们夏令营的内容丰富多彩。比如，六月主题是海盗寻宝（主要是在社区）和艺术创作；七月主题是科学知识（比如虫子的知识，日常的化学反应，如何制冰淇淋）；八月主题是野营和水游戏。他们每天的活动丰富多彩，孩子很喜欢，而且他们经常用脸书（Facebook）播报学校的重要节目，作为父母可以随时知道孩子们在学校里玩了什么。

既然孩子们很喜欢这个学校的学习内容及老师，所以我们决定不回到蒙台梭利学校了。

在现在的学校，老师耐心地引导鸿鸿，鼓励他的好行为，而且鼓励他通过为班上做事（比如在艺术中心当帮手，在午饭后当帮手等）和帮助同学们的方式，成为班上的一分子，让他有很强的归属感。他现在对自己的小帮手工作很认真。有一天，我们迟到了一点点，他饭都不吃，马上去艺术中心做小帮手的工作。尽管老师劝他说“没事，可以吃完饭后再来帮忙”，可是他看见其他的小朋友已经到了艺术中心做手工，很快吃了两口，就又去帮忙了。他可是特爱吃的孩子哦！

现在他虽然偶尔也很调皮，但很爱他的老师。老师也说他非常能干，有主见，与同学们相处也很好，而且各方面进步很大。

2014年9月的一天，在他到新学校两个多月后，他的老师给我写了封热情洋溢的信：

“I just had to tell you that I have had a hard week with my son teething and have been very tired and sleepy and Francis has made coming to work so good for me! He’s always so helpful and sweet to me and it makes me happy to come to work to see him! He is an amazing little man and I'm so happy I get to be his teacher once again you raise such cute and sweet little kids！”（我就想告诉你，这个星期因为我儿子出牙，晚上没睡好，所以上班的时候我很累、很困。鸿鸿让我觉得来上班是件很好的事！他总是很帮忙，很亲切，上班能看到他让我很开心！他是一个非常出色的小伙子，我很高兴有机会当他的老师！你养了这么亲切可爱的小孩子！）

鸿鸿的故事说明父母要坚定地相信自己的孩子，并不是所有老师说的都是对的。特别是对事关孩子人格、性格发展的事情，要注意衡量对错。家长一定要做他们的保护人和支持者。

4. 看谁先吃到甜点——训练专注吃饭

我认识一对华人父母，有个七八岁的儿子，妈妈总是抱怨他吃饭慢，每顿晚饭要吃一两个小时。他边吃边玩玩具，边吃边看电视，有时还要爸爸妈妈或保姆喂。如果不让玩玩具或看电视就不吃。久了，爸爸妈妈拗不过他，只好随他，吃饭时要干什么就干什么。孩子的任性、父母的无奈，困扰着这个家庭。

吃饭本是件令人愉快的事情，既享美食又长身体，但是孩子不总是随大人所愿。事实上，这其中也有父母教育的问题。我们家对训练孩子吃饭也使用了一些“招数”。

吃饭必须专心，这是我们最基本的认知。因此，凡干扰孩子吃饭的物品都要远离餐桌。比如，我家餐厅没有电视机；玩具不可以放餐桌上，孩子们要互相监督。有次，绮绮看到餐桌上有玩具，马上向我们汇报，那时她才两岁。平常，孩子们会主动把玩具放到旁边的沙发上，等吃完了再去玩。

当然，两三岁的孩子常常会忘记专心吃饭的规定。为了鼓励孩子们好好吃饭，我们设置了“谁先吃完饭，谁就有甜点”的游戏。甜点有时是蛋糕、巧克力，有时是新鲜的水果，有时是其他的点心。当然，为了不让孩子吃太多甜食，我们会控制蛋糕或者其他甜品的分量。我们会鼓励他们说，谁先把饭吃完就可以先吃到甜点。有了这个鼓励，他们就会更专注于吃饭，而不是边吃边玩。有一次，鸿鸿吃着吃着忘记了比赛规则，以为只要他不吃了，就说明他第一，等我们吃完饭，他就可以吃到甜点。绮绮看见鸿鸿不吃，也不吃了，就想等甜点时间。泽泽记得比赛规则，乖乖地把饭吃完了，宣布：“我先吃完了！ 我当第一了！”于是，我们就给他吃甜点。鸿鸿、绮绮看着，着急地问：“我的呢？我的呢？”我们就问：“你盘子上的东西吃完了吗？吃完了就有。”他们马上意识到，不吃完饭是拿不到甜点的， 就又坐下来好好吃饭了。泽泽一边享受着他的甜点，一边对鸿鸿和绮绮说：“甜点是奖品， 你得去挣。你吃完饭就可以挣到甜点了。”

这个游戏玩久了，他们就疲了。有一次，一向好好吃饭的鸿鸿为一个新玩具分心了，就是不好好吃完饭，吃到一半就说他吃饱了，要去玩他的玩具。我们让他先吃饭再玩，可是他不听。我提醒他：“在我数到十时不回到餐桌前就没有机会吃甜点了。”我数到十，他仍没有回到餐桌。泽泽、绮绮吃完饭了，到了甜点时间，都吃到了他们的甜点，唯独鸿鸿没有。鸿鸿就赶快回到座位上吃饭，但是我们还是没有给他甜点。他哭呀、闹呀，用尽了各种办法，我们还是没有让步。最后他见我们没有让步的意思，很快就安静下来，主动说：“妈妈，我明天会听话，会好好吃饭。那我可以吃到甜点吗？” 我说：“那当然了，这是我们的约定！明天你好好吃饭了，就可以挣到甜点了！”之后一直到现在，他在吃饭上基本没有问题，即使偶尔没有好好吃饭，他也知道自己没有甜点吃，也不哭闹了。

吃饭专注是最起码的用餐规矩，甜点游戏是为了减少孩子吃饭拖延，在此过程中，要严格遵守游戏规则，无论孩子怎么哭闹，都不能心软。像前面提到的华人家庭的独生儿子，如果他的父母给他制定了用餐规矩，并且不让餐厅出现电视和玩具，他可能会比现在吃饭专心些。至于甜点游戏或别的游戏，独生子女家庭所有成员都可以参与，更能达到好好吃饭的目的。

5. 寻找孩子吃饭有差异的不同原因

我家三个孩子上蒙台梭利学校的时候，双胞胎在一个班，小的在另一个班。孩子们在家吃早饭和晚饭，中饭是把家里做好的饭菜带到学校去，学校里有微波炉，可以热饭菜。

我发现泽泽的早饭吃得又多又快，鸿鸿吃得少些，绮绮吃得也不多。我没有说：“看泽泽吃得多好啊，你们怎么吃这一点点?”也没有武断地责备鸿鸿和绮绮，给他们树立一个榜样。我细心地观察了好几天，发现孩子们的早饭情况的确这样，而中餐却相反，带回来的中餐盒里，鸿鸿总是吃得干净，所剩无几，泽泽却剩得多，绮绮大部分时候吃得也不错。我又仔细观察他们晚饭的规律。晚饭的时候，鸿鸿吃得多而快，泽泽吃得慢而少，绮绮吃得最少，我决定到学校听听老师的意见。

出乎意料的是，老师说鸿鸿早上吃得又快又多。我糊涂了，难道在家里不好好吃早饭，到学校表现倒很好?

我详细地问了老师。老师说：“学校里，孩子在早饭和中饭之间还有一顿点心。鸿鸿每次吃点心都吃得干干净净，有的时候还多要几个。”我一听就明白了。鸿鸿在家不好好吃早饭，大概他觉得学校的点心比家里的好吃；或者，他早上起来不饿吃很少，等到了学校才觉得饿了，所以在学校吃得多。而且，鸿鸿的中饭也全部吃完了。绮绮是女孩，年龄又比哥哥小1岁半，饭量自然小一点。老师说：“绮绮的点心也吃得很干净。”原因找到了，作为妈妈我也放心了。

我的结论——每个孩子都有自己的饮食规律和习惯。对泽泽来说，早餐是他最重要的一餐，比如对喜欢的煎饼早餐，他可以吃两个煎鸡蛋，四个松饼（一般大人只能吃一个鸡蛋两个松饼）；对鸿鸿来说，他喜欢少吃多餐，上午和下午的小吃以及中饭和晚餐对他来说最重要；小绮绮的习惯还在发展中，她喜欢睡前喝大量的牛奶。要她多吃晚饭，就得先改掉她睡前喝奶的习惯。后来，我们中断了小绮绮睡前喝奶，她晚饭也吃得多点了。摸清了他们各自的饮食规律，我就不强求每个孩子每餐多吃。让他们吃好他们一天中各自重要的一餐，才是重要的。

作为妈妈，在生活琐事上要善于观察、善于思考，尤其要善于探寻事情的本源，这样，就不会武断地对待孩子的吃饭问题，有助于培养孩子的自主发展。

6. 培养孩子自主选择健康饮食的窍门

很多小孩不爱吃青菜，我家的小孩们也是这样。泽泽只喜欢吃蘑菇和西兰花，鸿鸿喜欢吃西兰花，偶尔吃菠菜叶子。绮绮呢，高兴了就吃，但大部分时候不吃青菜。小的时候，孩子们很爱吃面条，我说青菜叫青菜面面，鼓励他们多吃，可是过一段时间他们就忘了，所以怎样让孩子们主动吃青菜是我一直思考的问题。有一次在《环球网综合报道》上看到了一篇文章，讲的是一位马来西亚的中国妈妈为孩子不爱吃饭而发愁，后来找到了一个好办法：她用精美的烹饪完美诠释童话和流行文化，创作出诱人的早餐，把早餐设计成孩子们喜欢的各种卡通人物，有可爱的史努比、蝙蝠侠，有Hello Kitty和米菲兔，甚至还有当红歌手Lady Gaga。她的两个女儿现在都很喜欢根据早餐盘子里的面孔来天马行空地编故事，吃饭变得有趣多了。不过每顿早餐需要一个多小时来准备，虽然我没有她的心灵手巧，也没有每天几个小时的时间去准备食物，她的故事给我的启发是在处理孩子吃饭的事情上要换位思维，也要有创造性。

在我们家，孩子们都很喜欢西式煎饼（Pancake），所以我想可以把煎饼做得更有趣些。鸿鸿喜欢绿色，我就对鸿鸿说："我们做绿色的煎饼，好不好？我需要你的帮助。"然后我用搅拌机把新鲜的菠菜加牛奶打碎，加入鸡蛋面粉和好，让鸿鸿帮忙搅拌。煎出来的饼子绿绿的，孩子们很爱吃。泽泽喜欢红色，我就用胡萝卜取代菠菜，做出红色的煎饼。现在他们很习惯这样吃，早上他们经常会主动说："妈妈，我们今天做绿/红煎饼吧！"他们会帮忙拿出菠菜或胡萝卜，不再讨厌吃这些蔬菜！

晚饭的时候也可以把蔬菜加入饭里。比如他们喜欢意大利通心粉，我会把一些蔬菜打碎放进西红柿面酱里去，有时候会买有蔬菜的面条。他们很喜欢吃奶酪，有一天我蒸了一些花菜，上面撒了一些奶酪，然后加热熔化奶酪，他们非常喜欢吃，每次都把花菜吃光。这个菜现在成了他们的最爱！后来我说要有点新意，要加点别的菜，泽泽听见了，带他去买菜的时候，他就要求买西葫芦。除了在做菜上别出心裁，我们也会在饭桌上给他们讲哪些东西是健康的，哪些不健康，增强他们对健康食品的认识。有一天泽泽说："妈妈，我吃完饭后不吃甜点了，我要吃健康食品。我想吃梨子！"周末带鸿鸿买菜时，他挑出他最喜欢的水果、花菜、西兰花、菠菜，并且说：“妈妈，这些是健康的食品，我们买这些，不买那些不健康的！”

培养孩子健康饮食的意识，引导孩子选择健康的食品，对孩子的健康很重要。

7. 餐桌义务：“等等，我还没收拾盘子呢！”

小孩吃饭总是喜欢边吃边玩，不好好坐在椅子上，而且吃的东西掉得到处都是。吃完后， 嘴巴一抹，就跑去玩了，留下一个乱摊子让大人收拾。大人总认为他们是小孩子，很多东西都不会做，很习惯地去为他们服务。所以在家里，他们也很习惯地坐在桌前，等待着服务。有一次在一个家长会上，一个美国妈妈说，她的儿子每次吃饭的时候，总是把牛奶洒出来，她总是很殷勤地帮他擦。后来她对儿子说，以后得自己擦。这个孩子擦了几次后，再也不洒牛奶了。

有一次我去接两岁的绮绮，她当时正在吃下午茶。她乖乖地坐在桌前吃，老师只是坐在旁边看着，没有像我们在家那样督促她吃。吃完了，我对绮绮说：“快穿上衣服，回家了。”我想应该是老师收拾盘子的。绮绮竟然说：“等等，我还没收拾盘子呢！”说着，她很熟练地先把盘子里剩的东西倒进垃圾桶，把脏盘子、杯子放到合适的盆子里，最后把放盘子的小垫子放回原处。看到这一切我非常惊讶：这一切都是她自主完成的，老师没有做任何提示。

看到绮绮这么小能够做这些，我感触很深。我们觉得应该在家培养他们的责任感，也要加强他们的参与意识，这样他们就不会乱丢东西了。我先向他们展示怎样放喝水的杯子才不容易被推倒，怎样吃饭才不会把东西掉得到处都是。练习几次后，果然有了进步。吃完饭后，我们要求他们说“我吃完了，我可以离开了吗？”要求他们把自己的盘子、杯子收起来，送到厨房然后才可以去玩。实践了几次后，连小绮绮也做得很好了。其实他们在学校里就已经会做这些事情了，我们只是在家里继续执行罢了。这样他们的训练有了从学校到家庭的延续。在3岁左右，他们的家务就能做得又快又好。

绮绮在学校的表现还让我联想到另一件发生在大陆幼儿园的真实案例。一位园长朋友告诉我，幼儿园小班的孩子一般是3周岁，有的爷爷奶奶把孩子送到幼儿园后，在幼儿园门口还抱着孩子，不让他走路。门卫不让爷爷奶奶进大门，但他们强行闯入，把孩子一直抱到三楼教室，放在座位上。园长看在眼里，等爷爷奶奶走后，和这个孩子进行了沟通。

园长问小朋友：“你今天不舒服吗？”

小朋友说：“没有。”

园长又问：“你为什么不自己走路呢？爷爷奶奶年龄大了，抱不动你呀。”

小朋友说：“我想走到楼上，他们不让。”

园长说：“下一次你就说‘其他小朋友自己走，我也要自己走’，尝试一下，好不好？”

我知道，所有的家长都爱孩子，但什么叫“爱”？教孩子做家务是老师和家长偷懒吗？抱着孩子上三楼是“爱”吗？家长们真的该好好想一想，我们该怎么爱孩子。当父母年老的时候，说子女自私、不孝顺，只知道索取，不懂得感恩，这又何尝不是父母自己培养出来的呢？

8. 学会准备早餐：当爸爸妈妈的好帮手

在家里，我们很注重参与。我做饭的时候，总是想着怎样让他们参与。比如，做煎饼或者烤面包、蛋糕的时候，我会说：“谁能帮妈妈的忙？妈妈需要帮助！谁能帮妈妈搅一下？”他们都会自告奋勇，抢着帮忙。其实他们帮不了什么，我只是想让他们参与。每次参与了，他们就会很高兴地说，这是他们帮忙做的，吃起来很香。我先生也是这样，早上做煎鸡蛋的时候，让他们帮忙递鸡蛋，搅鸡蛋，放奶酪。他们乐此不疲。

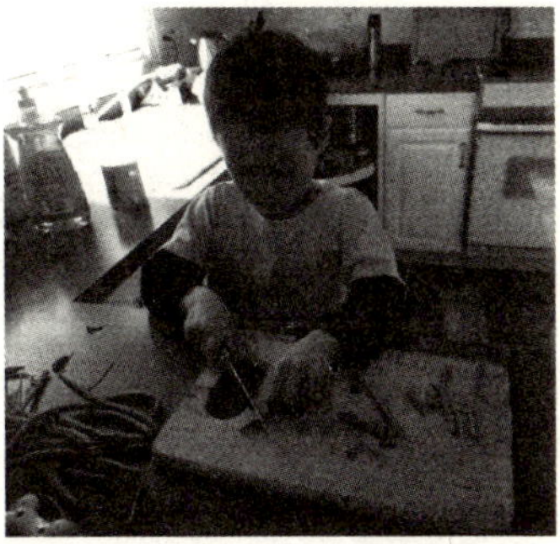

图3-1　鸿鸿帮妈妈切菜

很早的时候，这些参与让他们学会了用吐司机做吐司，烤一些美式的早餐，如水果薄饼和蛋奶烘饼等。每天早上穿好衣服下楼后，他们看见我们在做早餐，就会问：“我可以帮你什么吗？”他们对自己的“工作”很认真。有一次烤吐司时，我先生忘记了鸿鸿在帮忙，就顺手把吐司从烤面包机里拿出来，放到盘子上。鸿鸿马上跑了过去说：“放回去，放回去，这是我的工作，应该我拿的！”为了不打击他的积极性，我们又把面包放回去。鸿鸿很高兴地把它们取出来，放到盘子上。然后自豪地说：“我是个好帮手！”除了这些，他们还帮忙摆好盘子、刀叉、筷子，把做好的东西摆到餐桌上。

有一次，我和先生都病了，我跟儿子们说：“要是爸爸妈妈都病了，不能起床给你做饭了。你们这么小，吃饭怎么办呢？”泽泽和鸿鸿说：“我们会做呀。”我说：“你们会做什么呀？”他们说：“我们会做吐司、烤水果薄饼和蛋奶烘饼。我们可以把它们烤好，放到盘子上，端给你们，你们可以在床上吃！”我听了很高兴，也很感动。

美国的儿科医生协会的发言人阿兰娜·莱文（Alanna Levine）在她的《养育一个自力更生的孩子》（*Raising a Self-reliant Child*）中倡导说，所有的小孩在小学毕业前都应该学会自己洗衣服、做饭，这样早早培养，到他们上大学时，他们就是“大师”了。参与家务劳动不仅是孩子帮大人的忙，更是给予孩子品德教养和日后生存的本领。

9.“早晨，给爸爸妈妈惊喜”——如何让孩子自己穿衣服

早晨时间宝贵，孩子们穿衣成为一个问题。有的时候，即使儿子们已经知道如何穿衣服，但他们还是要求我们帮助脱掉睡衣，换上上学的衣服。还有的时候，他们把穿衣服当成追追打打的游戏，这样，要花很长时间才能把衣服穿好。我一直在思考如何让他们在没有帮助的情况下自己穿衣服。

儿子们3岁时，有一个星期我们读的是关于一群动物如何给狼制造一个惊喜的生日派对的书，他们学了“惊喜”这个词，晚上我对他们说：“嘿，明天早上你们想给爸爸一个惊喜吗？”

他们很感兴趣，两个人立即问：“怎么给？”

我说：“你们为什么不自己脱掉睡衣，自己拿起衣服穿上，不要爸爸妈妈帮忙？明天早上穿好衣服，你们到楼下来，找到爸爸对他说‘惊喜！’我想爸爸真的会非常惊喜的。”

第二天早晨，在平常等待我们帮他们穿衣服的时间，我听到快速的下楼的脚步声。然后，我们的卧室门被打开，两个小家伙跳着进来，嘴里叫着“惊喜！”看到他们的衣服穿得非常好，我们真的很惊喜。

从那以后，他们都自己穿衣服了，不再要我们帮忙了，尽管有时候他们也会出错，如衣服经常前后穿反、里外穿反、色彩不配，鞋子左右脚穿反，我们通常的做法是随他们去，只要他们高兴就行——谁说衣服只有一种穿法？有时我告诉他们：“嘿，你们的衣服穿反了。”他们会倔强地答道：“我喜欢这样。”好吧，我就让他们慢慢摸索。时间久了，他们自己就学会颜色搭配了。奶奶买了红色的球类短袖，孩子们很喜欢，天冷了也要穿。我说：“不如里面穿件长袖。”本来鸿鸿喜欢

绿色和蓝色，但因为与红色不搭配，他们会在里面穿件黑色或白色的衣服来搭配。鞋子穿反了，我叫他们改过来，他们也会说：“我就喜欢这样。”我也随他们去了。后来他们发现反穿鞋子不舒服，自己就换过来了。

女儿快到3岁的时候也自己穿衣服了。3岁前是我和她一起挑选衣服，然后帮她穿上。一般我会问：“绮绮今天想穿什么漂亮衣服呢？”她就去拿她想穿的衣服。大部分时候，我会尊重她的选择。只有当她选的衣服和当天的气温不符合的时候，我才会给她建议：“绮绮，今天太冷，不适合穿裙子。我们穿这个漂亮的裤子好不好？”挑选好衣服后，我总是鼓励她自己试着穿。一般她能自己穿裤子、袜子；穿上衣时还需要我的帮助。有一天，她竟然自己把上衣穿好了，我赞扬了她。她告诉我说：“我在学校里，老师帮了我一点点。我练习了，然后就会了！”刚过3岁生日的一天早上，我习惯性地去帮她拿衣服，准备像往常一样帮她，绮绮对我说：“妈妈，你去另一个房间，我要给你惊喜！”我很惊讶，走出她的房间说：“太好了！今天你自己穿吗？我在外面等着啊！”果然，几分钟后，她自己把衣服袜子都穿好了，跳到我面前大叫：“妈妈，惊喜！”看到绮绮也学会了独立穿衣服我很高兴，在她的脸上给几个大大的亲吻！当然了，爸爸也不能错过这个惊喜，爸爸也很高兴，说很为她感到骄傲！

只要不是与安全相关的原则性的大错误，我们一般都放手让孩子自己尝试。试想：如果我强制他们按照我的想法穿衣、穿鞋，他们不仅会产生反感的情绪，更重要的是失去自我探索的机会。给予孩子经历错误的机会、试错的机会以及在错误中学习和改正的机会是很好的“放手”形式。他们在实践中自己纠正错误比家长的说教、打骂有效多了。

10. 早晨磨蹭拖拉、休息日不午睡吵闹怎么办

拖拉、不听话、要大人不停提醒才行动是我们家孩子的坏毛病。每个上学的早晨，他们总是喜磨磨蹭蹭，而大人则非常忙。我们用维生素软糖促使他们动作快点，既奖励又补充了营养。比如谁先做好了上学的准备，谁就可以吃到维生素软糖。可是时间久了就失去了效果。

为了不变成絮絮叨叨的父母，我们决定要帮助他们改掉磨蹭的坏毛病。米歇尔·博巴博士讲到，孩子的坏习惯与父母的纵容有很大关系。父母发展了孩子的坏毛病，而不用正确的方法解决。她的建议是，很认真严肃地告诉孩子你的期望，而且告诉他们不再重复要求。他们必须在第一次听到期望后完成任务，否则就承担他们不希望看到的后果，比如不能看电视或玩电脑等。我们决定试一试。

这一天早上，在穿衣服前，我告诉他们：我希望他们马上把衣服穿好，我不会像往常那样重复要求，到时候还没穿好的孩子就会失去吃维生素的机会。泽泽和绮绮赶快穿好了衣服，而鸿鸿像往常一样跑来跑去，我没有再重复。等到时间过了，我说：“鸿鸿，你今天不能吃维生素软糖了。”鸿鸿很快把衣服鞋子穿好了，等待着他的软糖。我没有让步。他哭着要爸爸给，爸爸也不给，而是问他：“妈妈叫你干什么？”鸿鸿说：“穿衣服，鞋子。”爸爸又问：“你马上穿了吗？”鸿鸿说：“我现在穿了。”爸爸回答说：“可是妈妈说马上穿，不拖拖拉拉。”看到爸爸妈妈都很坚决，鸿鸿就问：“那我明天能吃吗？”我说：“明天你不拖拖拉拉就可以吃。”

第二天早上，鸿鸿很快吃完了早餐，我还没叫他们穿衣服，就发现他已经把衣服、鞋子都穿好了，说：“妈妈，我穿好了！我可以吃维生素软糖吗？”我很惊讶地说：“鸿鸿今天太棒了，这么有效率，当然可以吃软糖啦！”从此之后，早上的准备就没有那么忙乱，我们也都能高

高兴兴地出门了。

休息日不好好睡午觉是另一个问题。

三个孩子在幼儿园都乖乖地午睡，可是周末或放假的时候，他们却用各种方法硬撑着不睡觉。鸿鸿和泽泽睡在同一个房间里，可能三四岁的孩子睡觉需求少了，他们总是想尽办法互相干扰，我们尝试了各种办法，效果均不理想。后来我读到一本由四名美国幼儿教育家合著的《如何教孩子尊重他人》（*Raising Respectful Kids in a Rude World: Teaching Your Children the Power of Mutual Respect and Consideration,* by Gary McKay, Joyce McKay, Daniel Eckstein and Steven Maybell）的书，谈到要给孩子有限制的选择，让他们意识到自己选择的后果，这样他们才会对自己的行为负责，才能学会约束自己的行为。我深受启发，决定采用这个建议。

这一天，我给他们读完故事后告诉他们：如果不好好午睡，吵到妹妹，或者午睡的时候打闹，他们就会失去最喜欢的玩具，直到好好睡觉为止。如果实在睡不着，可以选择安静地坐在自己的床上看书。他们理解了我的话，我也像平常一样给他们每人一个亲吻就离开了。果然不出所料，他们又像平常那样闹了起来。我走进他们的房间，重复了关于午睡的规则，拿走了泽泽最喜欢的披风和鸿鸿最喜欢的圣诞狗。他们很不开心！我说：“妈妈说的新规则是什么？午睡时打打闹闹，你最喜欢的玩具就会被拿走。你们再打打闹闹，妈妈就会拿走你下一个最喜欢的玩具。”过了不久，他们忘记规则，又闹了起来，我遵守诺言，又拿走了一个他们喜欢的玩具。看到我真的说到做到，他们知道要遵守规则，就安安静静地睡觉了。泽泽醒来后问：“妈妈，我今天不能穿我的披风了吗？”我说：“不能！因为你选择了不好好睡觉。明天你好好睡觉了，就可以拿回你的披风了。”

第二天午睡时，我又重复了午睡规则并告诉他们：今天好好睡觉，就可以拿回昨天失去的玩具；如果不好好睡觉，就会失去更多的玩具，由他们自己选择。他们都抢着说：“睡觉！睡觉！我要拿回我的东西！”然后就安安静静地睡觉了。当然，泽泽拿回了他的披风，鸿鸿拿回了他的圣诞狗。

3岁的孩子总有无限的精力，早上磨蹭、中午打闹都是正常的事。怎么办？制定规则。规则不能强制，要事先告知，并在孩子没有异议后才能执行。但是，大多数孩子总是不长记性，或者说对规则没有理性的认识。需要家长不断强化并按章办事，让他们意识到破坏规则要付出代价。当然，孩子不是完人，在制定规则、破坏规则、强化规则、再破坏规则、再强化规则这个曲线图下，孩子才能慢慢内化规则，而且，规则的内化不是一蹴而就的，从外部规则到自觉行为有个反复的过程。对孩子进行合理的规则限制，有利于家长更进一步放手。这里特别强调一点：父母对执行规则的态度要一致。

11. 动物园里的小导游：走了四五个小时不要抱

儿子们3岁的时候，我们周末经常带他们到附近的野生动物园玩。动物园里有免费的地图供游人使用。

这一天，我们像往常一样进园，从检票员手上拿到地图，泽泽和鸿鸿异口同声地说：“给我！给我！我会看地图！”那时候泽泽正着迷郑和的书，他和鸿鸿都从书中学到了地图的意思和用处。

拿到地图后，两人很认真地指着地图说：“你从这走，再走到那！”然后两人当起了小导游，说要带我们去动物园的“非洲园”。

我们说：“好啊，导游是要到前面带路的，不能落在后面。要不然，我们就不知道该怎么走了。”虽然我们知道他们其实看不太懂，但还是让他们拿着地图带我们走。他们很有精神地走完了整个动物园。

四五个小时的时间里，没有要抱，也没有哭闹，全完一副导游的派头。

后来又有一个周末去植物园。小家伙们又拿着地图“带”我们玩。

途中，我们找不到一个景点。我提议说找园子里的工作人员去问问。鸿鸿自告奋勇地跑去问路。那个工作人员很认真地拿着地图给他解释怎么走，他虽然没听懂，但还是在地图上很像样地指指画画地对我们说：“我们在这里，然后到这里拐一下，就到了！”

我们其实已经听到了工作人员的说明，故意顺着他说：“是吗，谢谢鸿鸿！你太棒了！”

让孩子当小导游使游园变得轻松、有趣，孩子们不再缠着父母要抱、要买东西。独自走了四五个小时，他们红红的笑脸、结实的身体，让我们看了着实高兴。而且，他们因为有了具体的导游任务而产生了责任感和使命感，他们需要对团队成员负责！

12. 第一次挣钱

儿子们3岁半的时候开始对钱很好奇，两人很喜欢拿着我们收集的各国硬币玩买卖东西的游戏。4岁时我们开始教他们一点基本的单位，如一美分、一毛和25美分的概念，但是他们对多少个硬币更感兴趣，总是问我要硬币，两个人还抢对方的硬币。

我想把这个兴趣和他们爱参与家务的兴趣结合起来。我对他们说：“你们想要更多的硬币吗？”他们都抢着说：“我要！我要！”我说：“我给你们一个大工作，可以挣很多硬币。你们想做吗？”他们说：“想！做什么呢？”我说：“你们可以帮忙分洗好的衣服，把妹妹的衣服和你们的分开，然后整理好放到衣柜里。你们可以分工合作。做完后你们可以一人拿到几个硬币。”泽泽说：“我要5分钱！”我说：“好！5分钱！”泽泽马上就干了起来，把妹妹的衣服放进一个篮子里，把他们的衣服放进另一个篮子里。然后，又把妹妹的衣服放进妹妹衣柜的抽屉里。 鸿鸿呢，则跑到一边玩去了，完全忘了他的任务。泽泽把衣服分好放好后告诉我：“妈妈，我干完了，可以给我硬币吗？”我一看，他干得真不错，就给了他5个硬币。泽泽开心极了，骄傲地把硬币放进他的储蓄罐里，对我说：“我还要帮忙，挣硬币！我还能做什么呢？”我说：“你可以帮忙叠毛巾，把我们游泳用的包准备好。这次，我会给你两个25美分。两个25美分可以到农民市场上买一个你最喜欢的蜂蜜棒。”听到这个，泽泽干劲十足，又很专心地完成了这个任务，拿到了两个25美分。

泽泽兴奋地向鸿鸿炫耀。鸿鸿才意识到自己因为没有分工合作，失去了挣钱的机会。 一下子着急了，跑过来问：“妈妈，妈妈，我也要帮忙！ 我还能做什么呢？”我说：“好啊！你可以去鞋帽间把我们的鞋子都摆好。摆好了我给你两分钱。”鸿鸿马上开始工作了，一边摆鞋子，一边跟我讨价还价：“妈妈，我要四分钱！”我当然同意了。看到他又快又好地完成了摆鞋的任务，我很惊讶。 其实他们真的能做很多事，只是我们没能给他们机会罢了。

孩子们第一次通过自己的劳动挣钱，这是宝贵的体验，从中获得了快乐。这里需要提示一点：这件事的本意不是让孩子挣钱，而是把孩子收集硬币的兴趣与家务劳动相结合。如果他们的兴趣是收集邮票，我奖励的就是邮票了。事实上，在0—5岁的孩子眼里，硬币、邮票、糖果以及其他他们喜欢的东西没有本质的区别。他们其实也没帮多大的忙，只是他们感到帮忙是一种快乐。

顺便提一下美国孩子做家务的情况。孩子要分担家务，有家务表，每天谁洗碗、谁扫地都定好，这是义务，没有报酬。10岁以上的孩子，每月可以获得父母给的零花钱，收拾自己的房间是分内事，如果没做好，父母可以从零花钱中扣除。如果家里的草坪请别人打理，而孩子帮忙了，可以付孩子费用，因为父母要给雇用的人付这笔钱，而且，如果孩子到别人家打理草坪，别人也会给他/她费用的。当然，每个家庭都有自己的规则和做法，不是一概而论。

一般来讲，对1—5岁的孩子，一般侧重培养其参与家务的兴趣，对5岁以上的孩子，一般侧重培养其责任感。

答疑解惑

一、关于睡觉

（一）为什么婴儿要独立睡觉？

新手爸妈很累，睡觉很沉，有可能压着孩子，带来危险。根据我们的实践，婴儿单独睡一个房间，睡眠时间更长，睡得更沉。

（二）如何训练婴儿睡整觉？

对于1—2个月的婴儿，应详细记录其吃奶、排泄及睡眠规律。

2个月后，把每天分成两个12小时段。每4小时喂1次奶，1天4次。很重要的一点是：白天宝宝要有很多小运动，而且白天最好小睡两次；前三次喂奶之间各小睡一次，第三次和第四次喂奶之间不要睡觉。到两个半月，就能一夜睡10—12小时，如果孩子哭，就对后背拍一拍，摸一摸，就会又睡着了。

当然，每个孩子的睡眠时长不一样，且越小的婴儿睡眠时间越长。新手爸妈的原则是通过观察和实践，摸索出一条符合自己孩子整夜睡觉的规律。

（三）孩子踢被子着凉怎么办？

婴儿可以用睡袋，而不盖被子，主要出于安全考虑，小孩的手一直在动，但力气不大，如果把被子弄到头上，会影响呼吸，很危险。

到孩子八九个月能自己站起来的时候，穿带脚的睡衣。家里如果有空调暖气，室内最佳温度保持在摄氏21—22度左右为宜。

二、关于生活自理

（一）多大开始训练自己脱衣服、穿衣服、刷牙、上厕所和擦屁股？如何训练？

2岁开始训练。脱上衣最难，要教孩子怎么抓领口，伸手脱上衣。练习几次后，孩子就能学会。

为了让孩子记住每天睡觉前要做的事，可以编顺口溜，如“刷牙，尿尿，洗澡”。这样，孩子就能按程序进行，不会忘记。

（二）如何让孩子自己穿衣服？

3岁的孩子可以试着自己穿衣服。衣服前后穿反、里外穿反、色彩不配，鞋子左右脚穿反都没有关系，慢慢他们就会摸索出来。尊重孩子的选择，但所选衣服与天气不符合时，家长要提建议。

（三）孩子多大可以做家务？如何培养？

2岁训练孩子收拾餐桌，3岁就可以做得很好。方法是家长示范，孩子模仿。

家长要学会适时示弱，让孩子参与做家务。如“爸爸需要帮助”会让孩子觉得家务是他/她的工作，他/她在家里很重要，有能力。也可把孩子的兴趣与家务相结合。

（四）如何改掉磨蹭的坏习惯？

孩子坏习惯的形成与父母的纵容有很大关系。改掉坏习惯的方法之一是事先告知或与孩子共同制定规则。但是，大多数孩子对规则没有理性的认识，需要家长不断强化，并按章办事。当然，从外部规则到自觉行为有个反复的过程。对孩子进行合理的规则限制，有利于家长更进一步放手。特别强调的是，父母对执行规则的态度要一致。

三、关于吃饭

（一）如何训练专注吃饭？

凡干扰孩子吃饭的物品，如电视、玩具等，都要远离餐桌。制定一些小小奖励，如“谁先吃完饭，谁就有甜点”。

制定规则，制约不良行为。如违反，无论如何哭闹，父母绝不让步。

尊重孩子的饮食规律和习惯。

（二）如何培养孩子选择健康的饮食？

在孩子吃饭的事情上要换位思维，也要有创造性。比如，把早餐设计成孩子们喜欢的各种卡通人物，用孩子喜欢的颜色做出红饼子和绿饼子，把蔬菜加入饭里。

在饭桌上讲哪些是健康食品，哪些不是，增强孩子对健康食品的意识。

四、关于托幼机构

（一）选择标准是什么？

“以孩子的发展为本”是选择学校的标准。

在中国，一般3岁前上托儿所，3岁后上幼儿园。在侧重保育的婴幼儿阶段，托儿所里老师的资历性格、稳定性以及学校设施的安全卫生最为重要。3岁以后，培养孩子养成独立习惯，注重自制、自由和自发行动，尊重他人，接触自然很重要，主要看学校的课程是否丰富。

特别一提的是，父母要相信自己的孩子，老师的话也不全是对的。父母要衡量对错，特别是事关孩子人格、性格发展的事情。父母一定要做孩子的保护人和支持者。

（二）如果家里有人带孩子，需要上托儿所、幼儿园吗？

这个问题在国内外都有大量的讨论，没有唯一答案。

在国外有不少全职妈妈，有的甚至是博士，她们的工作就是带孩子。她们会从课程设置的高度培养孩子，关注孩子的健康、情绪、学习等，也通过“妈妈俱乐部”或其他的社交形式培养孩子的社会交往能力。

在国内，也有一些全职妈妈，但孩子更多的由爷爷奶奶、外公外婆隔代抚育。我个人认为，如果家庭有能力担负起教育小学前孩子的重任的话，可以在家教育（只是要特别注重社会交往能力的培养），如果没有这个能力，还是到正规学校比较好。

第四章 情感管理：做孩子可靠的情绪晴雨表

本章概述：孩子的情绪有阶段性，所有的哭闹并非毫无道理，父母要耐心观察、倾听、分析，找出缘由，才能对症下药。我们主张父母每天与孩子有独立相处的特殊时间，适时培养孩子的幽默风趣，制定合适的家规，简化家庭环境，保持和谐氛围。

1. “特殊时间”建立情感纽带

每个孩子都有自己的特性和情感需求，父母最重要的责任就是满足他们，让他们感到安全，有归属感。这种安全感可以增强父母与孩子的情感纽带，减少他们的负面情绪。最简单有效的办法就是与孩子有单独相处的高质量的时间。有些专家建议每天父母都应该至少两次与孩子一对一的单独相处，父母就是孩子的好玩伴，尽量做孩子想做的事或者游戏。可是现在社会，生活忙忙碌碌，看似简单的相处，却不容易做到。其实，这个时间不需要太长，但是需要爸爸、妈妈在繁忙的生活中创造性地挤出来。

我们尽量每天有与每个孩子单独玩的时间，并把它命名为“和妈妈/爸爸的特殊时间”。三个孩子有三种不同的习性需求——鸿鸿喜欢每天都有和我们特别是爸爸一对一的时间，读书、玩或者帮忙做饭等，都让他很开心。泽泽很喜欢中国古代打仗的故事，要我每天必须给他读中文故事。如果有什么不开心，他也要求读故事，这样能让他平静下来。绮绮从牙牙学语开始，每天晚上睡觉前，都要与我分享她在学校做的事。我们像两个好朋友似的，躺在床上聊天，感觉是一天最美的时光。每天晚上读完故事书，关灯后，绮绮通常会说：“我要讲学校的事了！”她会把她记得的事都讲给我听，比如她在学校玩了什么玩具，和谁一起玩，吃了什么，看了什么书，唱了什么歌，谁带她睡午觉等。为了配合她讲的内容，每次去接她，我都会从老师处了解绮绮的活动，知道当天她玩的是积木还是火车。我问：“你今天玩火车了吗？”她说：“玩了！”我又问：“那你今天和哪个小朋友玩了呢？”有时，我会让她把学会的歌唱给我听。有几次，我很累，就想让她早点睡觉，绮绮很认真地提醒我：“妈妈，我还没与你分享学校的事呢！”

有时很忙，我们会想一些办法实施“特殊时间”。比如周末去买菜，我们或者带着三个孩子一起，或者我轮流每星期单独带一个孩子，让他们有和我在一起的一对一的特殊时间。洗澡的时候，我会先给一个孩子洗，我先生带着另两个孩子玩。然后我再给第二个洗，这样他们都有与父母单独玩的时间。有时，我会让他们选择要不要和爸爸妈妈度过“特殊时间”，怎样度过，比如泽泽有时选择读中文书，有时选择玩游戏，有时要我编泽泽将军使用不同兵法打仗的故事。孩子们很喜欢与我们单独相处的机会。这样久了，他们也习惯了，有时会自己主动要求要与妈妈的“特殊时间”。

有条件的爸爸妈妈可以每天有固定的和孩子的“特殊时间”，比如，每天早上起床后爸爸可以和孩子一起做简单的运动，妈妈可以和孩子一起准备早餐，等等。这样，既可以保证有和孩子的特殊时间，有每天很固定的常规活动，又让孩子更有安全感。

2. 不同的哭闹，一样的缘由

双胞胎两岁半的时候，有一次很反常，在学校乱丢东西乱发脾气，老师向我反映，说从来没见他们这样反常。我的第一感觉是小孩子偶尔发发脾气，没什么，过去就好了。老师又问："最近家里有什么变化吗？"我才想起来，我最近出差了几天。猛然回想起上次出差，他们也是这样的反应。我这才发现我出差时间长不在家，影响了孩子的情绪，他们不知道怎么表达，就丢东西，引起注意。出差回来后，发现谁异常地哭闹，我们的通常做法是出差的大人和孩子一对一给他们读书（另一个家长则带着其他的两个孩子一起玩，还可以轮流一对一），有了一对一的"特殊时间"，他们就没有了妈妈或爸爸离开的不安全感，慢慢就好了。后来，每次出差就提前和老师们打招呼，让她们在学校里多和我们的孩子一对一交流，注意他们的情绪。我们自己也会在出差之前和孩子们说我们的计划，让他们有一定的思想准备。这样他们就不觉得突然，或者害怕妈妈、爸爸不回来了。果然，后来有一次我不得不出差一个星期，这些措施让他们在学校、在家里一切正常。

女儿在两岁半时也出现这个问题，在学校不好好吃饭，还哭闹。我想起双胞胎出现过的情绪波动，发现女儿的问题与哥哥们不一样，我们都没有出差。经过观察分析，我发现她是因为被父母忽视了。两个哥哥由于语言系统发达，吃饭时不停问问题、讲故事，而她却插不上嘴，没有表现的机会。她很想像哥哥们一样参与，因此不知道怎么表达自己的感情。

找到原因后，我们开始注意让绮绮有平等参与的机会，以及与我们一对一玩的时间。比如，吃饭时说话，我们现在很重视三个孩子是否拥有相同的机会。两个哥哥讲完了，我们会对绮绮说："绮绮你觉得怎样？""你觉得有什么不一样？"讲故事时，我们会让绮绮也参与编故事："绮绮，你讲个什么故事呢？"绮绮很高兴有机会和哥哥们一样编故事。她编的故事很简单，但是很有趣，比如她的一个故事是："从前有个小男孩，他吃饭了，然后他打嗝了！"哥哥们觉得很好笑，哥哥们的笑声让绮绮很开心。后来，好几次吃饭的时候，她就要求讲这个故事。除了这些，我们也注意让绮绮参与其他活动，尽量三人平等。这些改变后，女儿又恢复了她快乐的个性，在学校里也不哭闹了，吃饭也恢复了正常。

我一个亲戚家的孩子也如此。4岁的时候，妈妈到加拿大生了妹妹，他在家发脾气，不好好吃饭，后来把他也带到加拿大。在加拿大，政府发给妹妹的牛奶，他一口气喝了4瓶，因为他嫉妒妹妹拥有的爱。

如此看来，小孩子的哭闹是有缘由的，往往是自身的情感没有得到满足。在小孩子被忽视失落的时候，或者不开心的时候，他们不知道如何用语言表达情感，就用不寻常的行为吸引大人的注意，表达自己的情感需求。家长不要武断认为孩子有问题，要细心观察，找到哭闹发脾气的原因，再对症下药，解决问题。

3. 如何调教倔强的孩子

三个孩子中，鸿鸿的性格最倔强。他想做什么事，一旦产生了想法，很难改变。比如他在客厅里玩，突然想要一个大毯子，就跑到楼上自己的房间，把被子拽下来。我们怎么劝怎么说都不能改变他的主意，他非把被子拖在地上弄脏了。最后以我们强行制止、鸿鸿大哭告终。这样的事情很多，我们意识到调教鸿鸿不能用平时的强制手段，要想一些适合他的方法。美国的幼儿教育家米歇尔·博巴（Michelle Borba）博士在《父母至关重要：怎样培养有完善性格，强大内心和美好心灵的孩子》（*Parents Do Make a Difference: How to Raise Kids with*

Solid Character, Strong Minds, and Caring Hearts）一书中说，要想得到孩子的尊重，得先尊重孩子。对于有主见的孩子，要平等对待他，与他商讨的时候，要和他平视，不给他居高临下的感觉。我先生决定试试。一次他们玩送货游戏，鸿鸿决定用小翻斗车运橘子。他把所有的橘子从厨房里拿出来放到车上。我们怕他把橘子弄破，汁撒得满屋都是，让他送玩具。鸿鸿当然不肯。我先生身材很高，就蹲下来，看着鸿鸿，跟他解释为什么建议他去送玩具。出人意料，鸿鸿竟然没有像往常一样抗议。他对爸爸说："那你把橘子放回去。" 爸爸欣然同意。橘子放好了，鸿鸿就推着他的车去玩了。

每天洗澡的时候，鸿鸿喜欢拖拖拉拉，在房间里跑来跑去。有时要追在他后面让他刷牙、脱衣服。他把我们追他当作游戏，觉得很好玩。可是我们却很烦，有时候时间拖久了，我们也没了耐心。为了每天不需要一直说："鸿鸿刷牙！鸿鸿洗澡！"我们觉得应该采取些措施。这天洗澡前，我先生让鸿鸿坐在椅子上自己蹲下和他平视："鸿鸿，洗澡前要做些什么呢？"鸿鸿说："要刷牙，脱衣服，上厕所。"我先生说："那你自己会吗？能不能不到处乱跑，而是让爸爸为你感到骄傲？"鸿鸿说："我会呀。"他竟然乖乖地去了。

还有一次，一个炎热的夏夜，鸿鸿要穿绿色的羊毛睡衣，那是他最喜欢的冬天的睡衣。跟平时一样，我说："鸿鸿，穿夏天的睡衣吧。"他说："不，我就要这件。"

注意到他不听，我认为他需要"经历"自己做决定的自然后果，然后才会懂我的意思。我没有追着他换睡衣，而让他穿上羊毛睡衣，其他什么也没说。我继续给他们念书，讲睡前故事。很快，正如我预料的一样，鸿鸿开始热了。他拉开拉链，宣布他要敞着穿。又过了几分钟，我没有半点强迫，他脱掉了羊毛睡衣，穿上夏天的睡衣。

我问他："是不是像妈妈说的那样热？"

他难为情地笑了："是的。"

"也许下次你该听妈妈的。"

他说："是的。"

第二天，天气变凉了，我建议他晚上睡觉穿长袖睡衣，鸿鸿乖乖地听话，没有任何反抗。

小绮绮很完美，就是有一个问题——当她不高兴的时候，喜欢把食物或其他东西扔到地板上。我试过几种不同的方法，诸如反复说"绮绮，不要把东西扔在地上"，但是均无效。

2013年8月绮绮两岁多的时候，我去华盛顿特区出差，给她买了个粉红色的第一夫人牌的饮水杯，还有螺形的吸管。她非常喜欢，甚至睡觉也带着。几天后，她不开心时把杯子扔在地上，杯子破了，有个长长的裂缝，盖子也盖不上去了。

我说："杯子破了。"

绮绮不相信："破了？"

"是的，绮绮"，我说，"如果你把东西扔在地上，它就会破的。这是你最爱的杯子，也是新的杯子，现在你不能用了。"

绮绮很伤心，认识到扔东西到地上是不好的行为。她对我说："我再也不会这样做了，因为它会坏的。"

她真的很久没扔过东西。我想，当事情对孩子本身无害时，经历一些挫折无妨，比口头叫他们不要做有效。孩子自己想通的事情，才能心甘情愿去做。

父母对待倔强的孩子要有创意。比如去医院打预防针，两个孩子跳来跳去，妈妈怒斥："不要跳！不要吵！"当然无用。妈妈可以这样做："我们来做个游戏好吗？"孩子肯定很好奇地听着。接着，妈妈画个圆圈说："看谁在圆圈里待的时间长，谁就赢了。"游戏规则是不能离开圈子。妈妈假装无意中丢了本书。孩子在圆圈里翻着书，早就忘记输赢的事了。

倔强的孩子的确让家长头疼，怎么调教他们是门艺术。首先要注意与孩子交流的用词。随着孩子自我意识的觉醒，父母命令式的词语势必会引起孩子的抗拒心理。在日常交流中应尽量使用“我们”，而不要使用“你”；其次，尊重孩子的反抗情绪。或许他们的反抗只是为了让自己受重视，这表明他们长大了，有自己的想法。如果希望孩子接受你的想法和行为，你就不应该否定他们的看法，双方要平等交换意见。最重要的一点是耐心。当你听到孩子的反对意见时，要保持冷静，并表现出正在津津有味地倾听他的想法。如果父母迫不及待地列举事实纠正，给他说教洗脑，他当然予以反击。如果你耐心倾听，并提出建设性意见，给孩子一点思考的时间，事情往往会向好的方向发展。

4. “交换、轮流、请求、规则”化解争抢

像许多双胞胎家庭一样，我们也为鸿鸿和泽泽买同样的衣服、同样的玩具。本来东西都一样，不需要争抢，然而，孩子的天性是别人的东西总比自己的好，因此，他们俩经常为争抢玩具大哭。

每当这个时候，我从不发火，而是心平气和地问：“哭能解决问题吗？”

两个儿子泪水涟涟地答：“不能解决问题。”

“那如何才能解决问题呢？”

儿子们你看看我，我看看你，不知道该怎么办。

我问鸿鸿：“你为什么抢泽泽的玩具？”

鸿鸿：“他的比我的好。”

我又问泽泽：“你为什么要鸿鸿的？”

泽泽：“他的比我的好。”

我笑了："既然对方的都比自己的好，你们是不是可以交换一下，这样，你们不就有了好东西吗？"

儿子们恍然大悟，是啊，为什么要抢呢，交换一下不就行了吗？

我又告诉他们："交换就是分享。大家都能开心，多好啊！"

我对交换和分享用了英文Trade，儿子们明白了，Trade比暴力地抢东西文明多了。

孩子总是不长记性。

没过几天，吃饭的时候他们又抢比萨了。那天，爸爸带着孩子们做比萨，鸿鸿给自己做的奶酪比萨，泽泽做的番茄酱加奶酪比萨。吃着自己的劳动成果，很有味道。可是，当鸿鸿看到泽泽吃得津津有味时，他想吃泽泽的番茄酱，而泽泽坚决不愿意与他交换，眼看鸿鸿就要哭起来了。

我说："前几天教了你们一个好办法，还记得吗？"

两个孩子都不说话。

我点泽泽的名："泽泽，Trade的结果会怎样的？"

泽泽很聪明，他当然明白我的意思，说："但我只想吃番茄酱的。"

我一下没辙了，泽泽不想交换，他喜欢有番茄酱的口味，这总不能强求吧。

于是，我对鸿鸿说："鸿鸿，交换很好，但是，有时是不能强求别人交换的。你有什么办法解决吗？"

爸爸在旁边引导："鸿鸿做比萨很快的。"

鸿鸿马上接着说："我再做一个，涂上番茄酱。"说着，他就离开桌子去做比萨了。

除了交换，我们也叫他们怎样轮流玩大家都喜欢的玩具。泽泽喜欢打仗，2013年圣诞节，姑姑送给他一套玩具弓箭，因此他经常与鸿鸿玩

“泽泽将军打仗”的游戏。鸿鸿参与的时候也很想玩弓箭，有时硬抢，结果两人闹翻，游戏也不能进行了。

我问：“怎样才能解决问题呢？”

泽泽说：“我们可以轮流玩啊。”

鸿鸿说：“我先玩三分钟，射三下，然后再给泽泽玩。”

我说：“好啊，我帮你们定时。三分钟闹钟响了，你就给泽泽。”

这样帮他们轮流几次后，他们基本不争抢了。

后来，鸿鸿又想出一个新办法，他自己当定时器：“我数到十，我的‘闹钟’就响了。”然后就要求泽泽把玩具给他。

有一次，泽泽在玩玩具火车，绮绮也想玩，就过去抢，拿了就跑。泽泽很不高兴，大声哭了，追着绮绮要抢回来，绮绮也哭了。我们见状，拿了玩具让他们说出问题所在。

我：“泽泽，你说怎么了？”

泽泽：“绮绮抢我的火车。她没向我要就抢走了。”

我：“绮绮，你为什么哭了？”

绮绮：“我要玩火车。”

我：“绮绮你想玩该怎么要呢？能抢吗？”

绮绮想了想：“不能。”

我：“好吧，我们看看怎么解决问题。”

绮绮走到泽泽那里：“我可以玩火车吗？”

泽泽：“好吧，给你，我玩救护车。”

又一次，鸿鸿、泽泽都要玩我们家唯一的木马，两人都抓住不放。

我说：“你们这样能玩木马吗？”

两人都意识到了，说：“不能！”

我：“那怎样才能两人都玩到呢？”

泽泽：“你再买一个！”

我：“再买要好长时间的。再说我们需要那么多木马吗？”

鸿鸿：“我知道了，我们可以轮流呀，你玩一会儿，我玩一会儿！”

我：“好主意！我可以为你们定时，鸿鸿五分钟，泽泽五分钟。”

过了一会儿，泽泽又跑来说：“妈妈，我有更好的主意，我们可以一起骑马呀！这是个好主意吧？”泽泽很得意自己想出了更好的解决办法。

他和鸿鸿一起骑在木马上，两人在屋子里跑来跑去，玩得很开心。后来绮绮也加入了。

孩子的问题总是反复。我们发现即使孩子们会运用“交换、轮流、礼貌的请求”等方式解决玩具之争，但是，有时一方在火头上，理智战胜不了情感，还会出现大叫、打对方、哭着向家长告状之类的情况。虽然那时的状况一团糟，但作为父母，我们还是要冷静对待。三四岁的孩子情绪很主观，对“好”和“坏”已经形成一定的认知，具有“主观情绪”和“主观认知”的小孩子一起玩产生纠纷是难免的。父母该做的是如何减少摩擦，使孩子们友爱相处。

美国权威家教专家米歇尔·博巴的一句话提醒了我——每个家里都应该有一些家规去维持和谐的家庭环境。这个建议不错，于是我们召集孩子们，专门就争抢玩具问题制定一些规则。

我们问孩子：“你们抢玩具的时候开心吗？”

异口同声回答：“不开心!”

我们乘势利导：“现在大家来想出一些我们都要遵守的规则，这样就可以好好相处，不打不吵了，好不好？”

孩子们都很兴奋，纷纷讲出他们想要的规则。于是，我们一起制定了四则规则：（1）不大呼小叫（No yelling）；（2）没有请求前不能硬抢（No taking without asking）；（3）不能有伤人的行为（No hurtful behaviors）；（4）不能打小报告（No tattling）。

规则制定后，大家互相监督。出人意料的是，他们很积极运用这些规则。比如，绮绮抢了鸿鸿的玩具或其他东西，鸿鸿会说："绮绮，你这是没有请求就硬抢！" 绮绮听了，马上还，并请求道："鸿鸿，我可以玩吗？"有时候，泽泽和鸿鸿打闹了之后，泽泽会跟我说："妈妈，鸿鸿把我的箭拿走了，不给我。"鸿鸿会说："那是打小报告!"通常这些时候，我不会去责备被告的那方，而是反问打报告的："喔，我知道了。那你怎么解决这个问题的？"问他们的解决方法，他们就会反思自己的行为，而不是一味地告状了。这些规则明显地改善了我家的气氛，打闹减少了，玩的质量也提高了。

孩子们不仅具有规则意识，而且还在自主拓展规则。有一次在餐桌上，鸿鸿拿了很多食物堆在盘子上，我们让他吃完了再拿，可是怎么劝鸿鸿就是不听，结果浪费了很多食物。类似的事情发生了好几次。泽泽突然说："妈妈，我们应该有个新的规则。"我问是什么呢？泽泽说："新规则就是，吃完盘子里东西，才能要更多的！"我们觉得这个很好，我先生就写下来，配上一幅画。

过了几天，家中连续发生了三件不愉快的事情。一是泽泽把从中国带回来的精装版《三国演义》不小心撕了一页，书中有很多他爱不释手的将军打仗的故事；二是绮绮发脾气的时候把奶奶给他们订的刚寄过来的杂志撕了；三是鸿鸿和绮绮跑到妈妈在家里的办公室，乱翻乱动，还撕了几页纸。早饭时分，鸿鸿和泽泽都跑来跟我们说："我们得加一个新的规则了，不能撕书。不能撕妈妈的东西。"他们都要求爸爸添加在记录家庭规则的本子上，并在规则旁边画上与规则有关的画，还特别嘱咐爸爸不要忘了写上“不撕妈妈的东西”。

《家规手册》图文并茂。文字如下。

- 不大呼小叫。
- 没有请求前不能硬抢。
- 不能有伤人的行为。
- 不能打小报告。
- 吃完盘中餐，才能添加。
- 不能撕书；不撕妈妈的东西。

孩子在一起玩互相抢东西、打对方、哭闹是再平常不过的事情了。如何解决这个问题，家长要动脑筋。家长不能发脾气责骂，那只会火上加油，而且，孩子即使表面服从，内心也不会服从，所以，还是要把问题还给孩子，让他们主动思考。同时也要教育他们，交换、分享是有益于大家的做法，但不能强求别人；如果有好东西，不要独占，“独乐乐不如众乐乐”。当你要别人的东西时，不能硬抢，要有礼貌地请求。最重要的一点是制定规则，相当于社会里从“人制”到“法制”。规则是主导人行为的准则，它使人有章可循，也使人平息心中的怒气，减少纠纷。规则是理性的，它能冷静地管理情绪。

5. 幽默是情绪的润滑剂

三个孩子从小就喜欢幽默的故事，我们也在生活中经常使用幽默，达到了出其不意的教育效果。

有一次，他们为抢玩具都哭了。我没有像往常那样安慰说“不哭了不哭了”，而是反其道而行之：“哇，你们都哭了！你们比赛哭吗？再大点声！看谁哭的声音最大最响！”他们很惊讶，明白后都笑了起来。稍停之后，想到玩具，他们又继续哭，却发现没意思，就不哭了。

礼貌用语是一个人的基本素养。但是，我们发现教条式的说教对三四岁的孩子没有效果，而幽默更有效。比如孩子们要东西的时候经常忘记说“请”“谢谢”，我先生多用幽默提醒他们，并使他们学会礼貌用语。

泽泽：“爸爸，能给我牛奶吗？（Daddy，can I have some milk？）”

爸爸：“漂亮的紫色的南瓜能给我牛奶？（Can I have some milk, pretty purple pumpkin?）”（pretty purple pumpkin的首字母都是p，与please的开头字母一样。爸爸想用三个带有p的单词提醒泽泽用please.）

泽泽：（咯咯笑，但还没领会爸爸的意思）“不，爸爸给我牛奶！”

爸爸：“漂亮的紫色的南瓜警察给我牛奶？（Can I have some milk, pretty purple pumpkin police?）”(爸爸又加上一个“请”字的谐音提示)

泽泽：(终于领会了爸爸的意思)“哈哈，请给我牛奶！（Can I have some milk, please?）”

这里的幽默是爸爸第一次提示时在句子里加上一些不合寻常的同音词语，让孩子们觉得很好笑，但是泽泽理解成让漂亮的紫色的南瓜给他倒牛奶。爸爸于是再加上与“请”（Please）发音相同的“警察”（Police），聪明的孩子明白了爸爸说的“警察”其实是让他用“请”字。

几次之后，孩子们就记住了要东西的时候要用“请”。有时候，他们也乐于说出所有P开头的单词，比如Piano，Pizza，Pudding，这些词加在一起的意思就是“用钢琴比萨饼做的布丁”，很怪异，但这个年龄的孩子觉得很幽默。

幽默还能化解大人的生气、孩子的泪水。比如，鸿鸿有时不好好坐到儿童车座上等爸爸妈妈系安全带，而是在车上走来走去。我先生没有呵斥他们，而是设立了“挠痒痒区”：只要他们进入汽车的前座区

（为了安全起见，美国法律规定小孩子不可以坐前排），他们就要被挠痒痒。这天鸿鸿照例在车上来来回回玩，一会就爬到汽车的副驾驶位子上。我先生抓住他说："嘿，你到了挠痒痒区！我要挠你痒痒了！"然后抱起他就挠痒痒。鸿鸿见状，笑嘻嘻地回到自己的位子上。这样既达到了约束他们的目的，也让他们都开开心心，而不是大人生气，小孩子哭鼻子。

像很多孩子一样，我们三个孩子都爱喝果汁，但是，果汁喝多了对牙齿不好。我们规定每人每天只能喝一杯果汁。当然，生日或客人来了之类的特殊日子可以喝两杯。

孩子们常问："妈妈，今天是特殊的日子吗？"

我知道他们的小心思，笑笑说："你们看是特殊的日子吗？"

孩子们不好意思地回答："不是。"

我问："第一杯果汁已经喝完了，如果还想喝的话，该怎么办呢？"

鸿鸿说："喝水。"

泽泽说："喝牛奶。"

绮绮没有主张，于是跟着哥哥说："我也喝牛奶。"

幽默感是儿童情商的组成部分。美国人不仅把幽默当作可爱的性格，而且视为可贵的品质。有研究说，幽默感30%是天生的，70%靠培养。许多美国家庭重视孩子幽默感的养成，甚至进行早期幽默感训练。3岁孩子的智力已经发展到能认识概念不和谐中潜藏的幽默，因此，我要孩子比赛谁哭得响，我先生用"警察"和"请"的同音异义，"挠痒痒区"的设立，孩子都能领略其中的幽默之处，并纠正了自己的不足。孩子们对幽默的运用是"狡猾"的，比如把问题"今天是特殊的日子吗"抛给我，而不是直接要求喝果汁。我也没有责备他们，而是把问题还给了孩子们。也许有的妈妈会这样处理："今天不是特殊地日子，既没有谁过生日，也没有客人来，你们别想喝第二杯果汁。”这样凶巴巴的语言会伤害孩子，而缺少了生活的幽默和情趣。

6. 如何处理孩子的嫉妒

有一天，家里来客人了。热情的泽泽给了客人一个大大的拥抱，并很快与客人打成一片。客人带来了礼物，拆开给泽泽看。泽泽满心喜欢，小嘴巴不停地说着感谢之类的话，还讲了许多学校里发生的事情。

鸿鸿在旁边看着，神情有些落寞。突然，他走过去，从泽泽的手中抢下客人的礼物，狠狠地甩在地上。大家一下子都愣住了。

爸爸走过来，把鸿鸿抱起来走到院子里，说：“鸿鸿，爸爸陪你玩。”

鸿鸿还是不高兴。爸爸问：“我们来跑步比赛，好不好？”

鸿鸿突然笑了，说：“好的。”

我们的后院是大片的草坪。高高的爸爸和矮矮的鸿鸿笑着跑着，阳光下留下了他们的快乐。

屋子里，泽泽仍和客人一起，很热情。客人是个聪明人，没有问鸿鸿发火的事。

我轻描淡写地解释道：“您别介意啊，鸿鸿嫉妒泽泽和您玩得开心。”

客人松了口气，说：“这孩子，人小，心倒不小。”

孩子当着客人的面无缘无故摔东西，这是很没礼貌的事情。我熟悉的中国家长一般的处理方法是，为了给客人面子，也为了不破坏接待客人的气氛，隐忍着孩子的无理。等客人走后，再狠狠“修理”孩子——轻则大骂一顿，重则抽打一顿；或者家长忍无可忍，即使当着客人的面，也要大骂孩子，弄得孩子哇哇大哭，家长在气头上，还会命令“不许哭”，甚至在客人离开后，还不解气。

我和先生的处理办法是转移孩子的注意力。我先生把孩子抱走，分散他的注意力，并且，把父亲全部的爱给了渴望得到重视的孩子，我则轻描淡写地向客人解释缘由。在举重若轻的处理办法背后，隐藏着我们的思考和教育价值观——勤于观察，善于站在孩子的立场，体恤孩子的内心世界，化解孩子的无奈和焦虑；而暴力处理此事的家长则完全站在自己的角度。任性的家长培养出的是任性的孩子！

7. 我害怕怪物！——如何消除孩子的恐惧

美国孩子一般从生下来就自己睡，我女儿也是如此。儿子们由于早产，刚出生的时候和我们睡在一个屋子里，他们一起睡在一个小床上。两个月的时候，为了训练他们睡整觉，我们把他们挪到隔壁屋子里，结果，两个小家伙比跟我们在一起睡得还好。不到三个月他们两个就能睡整觉了。此后他们一直在自己的房间，独立睡自己的床。

可是，鸿鸿4岁时的一个半夜，突然跑到我们床上，说他看到一个影子（其实是我先生去给他们盖被子），我就让他和我一起睡。不料，开了这个头之后的一个星期，每个晚上他都跑到我们床上，说害怕有怪物，弄得我们都没睡好。他这是在试探我们的底线。折腾了一个星期后，我决定不能再让他和我们一起睡。那天晚上，他半夜又到我们的房间，我轻轻地拉着他的手，带他回到自己的床，亲亲他，就走了。过了一会儿，他又来了，我又把他带回去。 这样折腾了一晚上，来来回回好几次， 直到天亮起床，我才说他可以到我们的床上。第二天睡觉的时候，我特地嘱咐鸿鸿：“今天晚上不能去爸爸妈妈的床，要睡自己的床。只有天亮了，到了起床的时间才可以去。” 我教他看钟，时针在7之前不能去。如果第一个数字是6、5、4、3、2、1都不能去，7 之后才可以。鸿鸿乖乖地答应了，说："8、9、10 都可以？" 这一晚，他虽然半夜又来到我们的房间，但次数大大减少了。

我询问了他在学校的情况，一切正常。我的一个有双胞胎的朋友在一次聚会的时候也跟我说过，他们的女儿也有同样的害怕怪物的经历。我也在网上查了相关的资料，发现这个年龄段的孩子受环境或者书和电视中故事的影响会常做噩梦，所以不能一味地说教，要照顾他的感受。除了告诉他怪物不是真的，我也观察他晚上的行为，结果发现他总是起来开灯。第二天，我问鸿鸿害怕什么，他说房间太暗，令人害怕。我说："是不是亮一点就感觉不害怕了？"他说是的。我说我有办法了！我在他们房间里装了小夜灯，让鸿鸿参与决定插在哪里，而且说会买一个他最喜欢的绿色的小灯给他。泽泽也表示说，他是将军，会保护鸿鸿的。这个特殊的安排让鸿鸿很开心，一定要告诉爸爸他有小夜灯了。大概是小夜灯让他觉得安全了（也有可能是没有理由再开灯了）， 他后来晚上就不再醒来到我们的房间了。 一天早上起床后，他跑来和我偎依着，告诉我，他不害怕了。他等到天亮了才来我们的房间，这样就不会吵着父母， 还可以和我们一起睡觉了。

4岁多的孩子害怕怪物很正常，我小时候看战争剧多了，也夜夜做噩梦。家长不要慌张，要安慰孩子，同时找到根源，改善孩子的惧怕心理，一盏小夜灯的光亮就能驱散孩子心头的恐惧，过了这个时间段，孩子就会忘记曾经的怪物了。

8. 鼓励好行为，培养积极的孩子

很多时候我们做父母的会认为，帮助孩子改掉坏行为、坏习惯的方法，就是要及时制止并对孩子加以惩罚， 久而久之，就成了"打是亲、骂是爱"的恶性循环。0—5岁的孩子对世界缺乏理性的认识，情感上还没有学会控制，对身边的事物也处在探究之中，所以他们会去尝试挑战极限，会哭闹。美国有“可怕的两三岁”之说，讲的就是这段无故哭闹、不可理喻的时段。很多美国育儿专家都同意，在儿童理智、情感都在发育的时候，总是去更正、惩罚孩子的坏行为，会对孩子的情感发展带来负面影响，不利于培养孩子的自信心。他们建议，要通过鼓励孩子正确的、积极的行为习惯，来减少甚至根除坏习惯。艾伦·E.卡兹丁（Alan E. Kazdin）博士在他的《用卡兹丁方法来管教不听话的孩子》一书中建议，父母想要培养孩子积极的行为习惯，可以通过奖励的办法，去积极鼓励好行为，从而去掉坏习惯。比如，“我说不的时候，孩子总是发脾气”的积极面就是“我想要孩子在他/她不高兴的时候说出想法、感受，通过语言交流表达情绪，而不是闹情绪”；“不论怎样做孩子就是不吃蔬菜”的积极行为是“让孩子尝试吃几口蔬菜。”艾伦·E.卡兹丁博士建议用积分奖励的形式，帮助孩子意识到自己的好行为，同时慢慢培养对不良情绪和坏行为的自我控制。我和我先生觉得这个办法可行，而且对他们三个一起鼓励，还可以让他们互相促进。

于是我从商店里买了两个写字板。一个挂在餐厅和客厅，这里他们白天经常活动的区域，另一个放在他们的洗手间里，这是他们睡前的主要活动场所。

白天时，我们想要他们提高的积极行为是饭桌礼仪（饭前洗手、不随便下桌乱跑、用叉子吃饭等）。吃饭的时候，我把这些写在写字板上，做得很好的孩子可以拿到积分。比如用叉子吃饭拿一分，不随便下桌乱跑拿两分。一分的奖励内容是爸爸妈妈给个大拥抱，两分的奖励内容由他们自己定，比如，泽泽、鸿鸿说，他们的两分是蜂蜜棒，我们就给蜂蜜棒。绮绮说她的两分是一个巧克力豆，我们就给巧克力豆。

上学的时候，两个儿子的积极行为是自己穿好鞋，坐上指定车座，系好安全带，可以拿两分。

其实几分不重要，关键是他们能理解积分和奖励的联系，对5岁多的孩子，可以考虑多些积分才能换奖励，比如要积满五分才可以拿到奖励等。 绮绮在这方面还需要帮助，但是她很黏妈妈，什么事情只要妈妈做，不要爸爸。那么绮绮的积极行为就是接受爸爸的帮助，让爸爸帮忙就可以拿到两分。同样，睡前做好了“刷牙、尿尿、洗澡”拿两分。

孩子们很喜欢积分游戏，也让他们最喜欢的玩具小兔兔参加。在洗手间的写字板上，他们要爸爸添上小兔兔的名字，小兔兔也一起刷牙、上厕所、洗澡、睡觉，这样又增加了不少乐趣。这些游戏几天内就见到了成效，儿子们的餐桌行为有了改善，上学前的准备效率提高了，基本可以自己系好安全带。女儿现在也要爸爸帮忙了，甚至有时我给她提供帮助的时候，她说：“我要爸爸帮忙，这样我可以拿到分数呢！”我们很惊讶她的反应，很高兴她在积极考虑积分游戏！

多鼓励孩子，给孩子成长机会，一味打骂只能适得其反，“不打不成材”的观念是错误的，对孩子伤害很大。家长多鼓励孩子，能培养出积极乐观的孩子。当然，怎么鼓励、怎么夸奖，度该如何把握，需要家长动脑筋。当然了，就像对其他新鲜事物一样，过了一阵小孩子对这游戏有可能会厌倦。这时家长不要担心，也不要强求，因为通过这个游戏，他们已经有了一定的良好行为的训练。同时，家长也可以采用其他的游戏方法，等他们又想玩这个游戏时，可以再来。家长一定要遵循孩子的兴趣所在！

9. 简化环境，减少冲突

像很多家庭一样，我们家玩具非常多，中英文书也非常多。客厅里堆满了各式玩具，很多人到我们家，包括我哥哥姐姐从视频上看到，都说我们家像玩具商店。

楼下的厅里也有很多玩具，储存室也都是玩具。我和我先生都是大学老师，书自然也到处都是。可能是有双胞胎的缘故，每次给他们买玩具总是一人一个，有的还是一模一样的。亲戚朋友也是，每次送礼物也是一对。有一次，他们的奶奶看到一个装着三个小毛绒动物的小桶，很喜欢，就给他们三人每人一个小桶，结果一下子他们就有九个小动物，三个一模一样的小桶。 没过几天，邻居阿姨又给他们每人三个小的毛绒动物。这么多玩具，他们应该高兴！可是我发现，他们照样抢对方的玩具，照样觉得他人的玩具比自己的好。另外，他们每次玩都把玩具摊得满地都是，有时候就像飓风后的场景。每次让他们收拾或者我们收拾，都很费时。

美国有个报道说，美国每个孩子平均有156个玩具。其实，像很多父母一样，我们想让孩子们有东西可玩，别的小朋友有的、喜欢的玩具，我们也不想让他们错过。有时候我们还希望这些玩具可以帮助孩子开发智力，所以慢慢就积累了很多玩具。可是我们发现虽然有这么多玩具，他们还是会为玩具打闹。我们曾把他们都争抢的玩具收起来，他们立刻找到其他的玩具去抢，所以玩具种类对他们没有任何影响。而且他们大部分时间只是玩几种玩具，很多时候，他们以到处丢玩具为乐，所以我们意识到玩具多少根本没什么区别。有一本很有新意的书，叫《简单父母经》（*Simplicity Parenting*），作者金·约翰·培恩（Kim John Payne）认为，现代的孩子和家庭承受着四种“太多”压力——太多东西，太多选择，太多信息，太多速度。这些“太多”剥夺了孩子们正常发展自我的时间和机会。他主张简化物质和精神环境，还给孩子自由发展、找寻自我个性的童年。

看了这本书后，我们深有感触。我和我先生决定先从孩子的玩具着手。我们让孩子们挑选一件他们最喜欢的玩具留在客厅玩，其他的放到箱子里存到储藏室。每次他们想要新的玩具，可以把现在的玩具送下去交换，但每次只能一对一的交换，这样储藏室就像家里的“玩具馆”。泽泽留下了他的弓箭，鸿鸿留下了他的一套烹饪玩具，绮绮留下了她的玩具娃娃屋。

开始我们以为孩子们会为收走的玩具而哭闹。令人惊讶的是，他们没有哭闹， 也没有去要那些被收走的玩具。他们就玩自己留下的一两件玩具，好像那些被拿走的玩具从来都不存在过一样。更为奇妙的是，为抢玩具的哭闹少了，他们开始更多的一起玩，一起想怎么玩。比如，现在鸿鸿玩做饭，他们会一起烹饪东西，商量怎么分工、做什么；泽泽拿着弓箭打仗，会带上哥哥妹妹；两个哥哥也会加入妹妹一起玩过家家的游戏。看到他们三人很有创意的一起玩，仿佛又看到了我小时候和小朋友们到处玩的情景。玩具少了，客厅里宽敞简单多了，收拾起来也就容易了。

减少玩具后，我们又开始减少他们的书，把他们很长时间不看的书装起来，留一些他们最爱的书，这样他们挑书的时候就不会那么眼花缭乱。收走的书过一段时间再给他们看，又是“新书”了。

除了玩具和书，我也开始注意控制给他们买衣服。有个儿童专家说给孩子买东西，要考虑“需要”（Need）和“想要”（Want）的区别。需要是必需的东西，想要不是必需的。这个原则帮助我不会积累太多的东西，包括玩具和衣服。现在买东西的时候，我会考虑孩子需求。 即使看到有很好的减价销售的机会，只要是孩子们不需要的，我也会选择放弃。

正如中国哲学里“多”和“少”的辩证关系一样，玩具少了，有创意的玩法多；留下的书少了，“新书”多了；弄清楚了“想要”和“需要”，少了浪费多了实惠。在如今物质丰富的中国家庭，简化环境，不仅减少了孩子冲突的表象，还能减少育儿过程中的心灵冲突。

10. 孩子拖拉不肯走并哭闹怎么办？

在儿童商店里、游乐场中，我经常看到这样一幕。

父母："我们要走了！"

孩子："不，不！"（或者干脆假装没听见）

父母："还有五分钟，我们就要走了！"

孩子继续玩，五分钟后，孩子还没有走的意思。最后父母强制性地拉着孩子走，孩子挣扎着哭叫："我还要玩！我还要玩！"

我们也经历过这些。比如，我们去社区游乐场玩，孩子们玩得很高兴，可是我们有别的事要做。我们对他们说要走了，他们就是不听。还有，我们去游泳学校的时候，鸿鸿和绮绮很喜欢用里面唯一的淋浴水龙头冲洗，而且每次冲很长时间都不愿意结束。有时其他孩子也想用，每次都令我们头疼。开始我们用了很多书上都提倡的"提前预告法"：

（1）要走前，跟孩子预告只有五分钟时间。

（2）如果孩子要玩，可以协商多给几分钟。

（3）只剩两分钟的时候，再预告只有两分钟的时间。

（4）时间到，大人准备离开。如果孩子还不愿意，警告下次就不能来玩了。

这个方法听起来好像很合理，我们也很高兴地试着用。可是用了几次，我发现这个方法对大人或者大一点的孩子来说很容易理解，五分钟预告，再两分钟预告，到了时间就该走了。可是1—5岁的孩子，特别是2—4岁的时候，对分、秒、小时等还没有明确的概念。对他们来说，五分钟和两分钟没什么意义，他们就想玩手中的玩具或者活动。有时，他们也像模像样地与我协商，我说："五分钟了！"他们会说："不，三分钟！四分钟！"让人哭笑不得。最后如果强制性地让他们离开，结果只有两种——或者我们放弃，或者以他们的哭闹结束。

几次之后，我就想应该用他们能懂的、对他们有意义的东西或者事物来让他们认识到不能拖拖拉拉。一个很有效的办法是用他们关心的下一个活动来激励他们。比如，有一次周末，我们要去图书馆借书，他们正玩得高兴，不愿动。我就说："你们想不想借你们喜欢的《冰雪奇缘》的电影？"他们都说："想！"我说："那你们赶快穿好衣服，准备走了。要是去迟了，可能就借不到了。"他们问："为什么呀？"我说："别的小朋友也很喜欢看。去迟了，其他先到的小朋友就可能借走了。"他们一听，马上穿好衣服，准备出发了。

还有一次在游泳学校洗澡的时候，鸿鸿又像往常一样站在淋浴下玩水，不愿意走。我没有用平常的方法。因为鸿鸿好吃，我们下一站的活动是去买菜。我说："鸿鸿，你不是要去商店和妈妈一起买吃的吗？他们今天有很多试吃的东西，去晚了，可能就没有了。"鸿鸿一听，扔下淋浴头就跟我走，没有像往常那样拖拖拉拉。很快穿好衣服后，他还开始催我呢！

孩子拖拉是很常见的事情，父母要想办法，要读育儿的书，但也不能尽信书，要根据孩子的具体情况来应对，比如，大孩子可以给他们时间概念，小孩子对时间没有感觉，说了也不懂，倒不如用他们更想做的有趣的事情催促他们。

11. 爸爸妈妈的情绪调节和意见要一致

当好孩子的情绪晴雨表，父母也不能忽视自己的情绪调节。很多父母经常会为孩子的问题吵架，事实上，我们个人教育孩子的方法都是传承我们父母的方式方法，有时连我们自己都没有意识到自己的问题。成长于不同家庭环境下的父母，就有不同的教育孩子的方式方法。我们有个朋友就为这个很苦恼很纠结。她发现她教育孩子的方法很急躁，动不动就会吼孩子、打孩子。虽然她自己小时候，她的妈妈也是这样管教她，让她深受其害，但她发现她现在也在用同样的方法教育自己的孩子。她的先生就比较平稳些，这样他们就经常会为孩子的事情吵架、伤害对方。

我们也有情绪好或者坏的时间段， 特别是上班的爸爸妈妈。上完一天班后回到家，有时很累，有时有工作上的事的影响，不管我们有多爱孩子，这时跟孩子玩的时候就会很情绪化。这个时候，爸爸妈妈一定要互相帮助，互相调节情绪。比如有时候，不管我们怎么努力，鸿鸿总是在吃饭的时候，跑来跑去。绮绮见状，也学着跑来跑去。泽泽认为他也可以离开座位去玩。一天下班回来，我们说了一两次后就很不耐烦了。有时他们相互打闹，互相抢东西哭闹，我们也会发脾气，也会忘了我们学会的一些技巧。这个时候，父母的自我调节就很重要了。通常我会告诫自己要控制情绪，缓和一下，多从孩子的角度去和他们沟通，要不然适得其反。 我的一个有三个孩子的同事告诉我，有时她的三个孩子吵得她都受不了，当她感到要爆发的时候，她尽量不朝孩子发脾气，而是告诉丈夫她需要休整一下。于是，她很快放下一切，走出屋子去调节自己的情绪，等自己情绪缓和了，再回来和孩子玩。

我和我先生也有这样的时候。时间久了，我们也学会“读”对方的情绪。很多时候，我发现我先生的语气和行动开始变得急躁起来，我会提醒他“镇定、镇定、只是……而已”。听到提醒后，他会马上调节。同样，我有时很累，开始语气有些不耐烦，我先生也会说：“你好像很累啊，你到另一个房间休息一下吧。”这样的提醒经常让我们自己变得更温和，也及时帮我们调节情绪。与孩子们玩的时候，也会很放松地享受亲子时光。

当然了，爸爸妈妈要经常互相沟通孩子的管教问题，尽量达成一致的意见。小孩子从很小的时候就会读大人间的关系，如果意见不一致，小孩子很会运用这个分歧来得到自己想要的，所以我和我先生尽量不在孩子面前讨论我们不同的意见。即使我们有可能不同意另一方的做法，我们也忍着，事后孩子都睡觉后再讨论。比如，有一次早饭后，绮绮很想吃糖果，我说不行，她就哭着要爸爸。爸爸刚进屋，还没弄清怎么回事。爸爸说："现在要吃糖果？去问妈妈吧。"绮绮说："妈妈说不行，要爸爸给。"爸爸也坚决地说："妈妈说了不行就不行。"女儿看看我们两个都很坚决，哭了一会，就去玩了。

父母来自不同的家庭，育儿观念不一致很正常，关键要讨论、沟通，尽量达成一致，若不能一致，也不能在孩子面前争论。最后，爸爸妈妈要意识到自己不是天生就知道怎么当好父母的。我们自己也有自己的包袱和缺陷，我们也是在养孩子的过程中慢慢成长，慢慢完善我们自己、完善我们的方式方法的。所以，一方面要善待自己的缺点和不完美，一方面要不断学习充电，学会控制好自己的情绪，朝着做好孩子的可靠的情绪晴雨表的方向努力。有了不断提高自己的意识和毅力，才会不断提高自己的行为！

答疑解惑

一、工作忙，无法保证与孩子有一对一的"特殊时间"怎么办？

父母每天都应该至少有两次与孩子一对一的单独相处的"特殊时间"，不需太长。即使工作再忙，父母也可以忙中偷闲，挤出时间来，如放学的路上、买菜、吃饭、洗澡、睡觉前。

如果晚上父母都在家，一个陪孩子玩，另一个做家务。如果一个大人在家，先陪孩子，等孩子睡觉了再做家务。家务明天、后天都可以做，陪孩子的时间却会一去不复返了。至于应酬，可有可无的及早回绝。

周末一定要有“家庭日”，陪孩子出去玩或锻炼。

由长辈帮忙带孩子的，也要想办法多陪孩子。

有没有陪孩子的时间，不在于时间是否存在，而在于父母有没有陪孩子的心。只要有了心，多少困难都能克服。

二、 如何培养孩子的幽默感?

幽默感是儿童情商的组成部分。美国人不仅把幽默当作可爱的性格，而且视为可贵的品质。3岁孩子的智力已经发展到能认识概念不和谐中潜藏的幽默。比如正话反说、同音异义、巧用生活中的细节等都是培养幽默感的手段。

三、 如何有智慧地管理孩子哭闹、恐惧、嫉妒、倔强的负向情绪?

（一）如何处理孩子的哭闹?

父母特别是母亲离开孩子一小段时间，会使孩子产生不安全感，引起孩子情绪波动。孩子不知道如何表达，就丢东西、发脾气。父母可以在离开前与孩子讲清楚自己的计划，让他们有心理准备，这样，他们就不会担心爸爸、妈妈不回来了。回来后，与孩子共度“特殊时间”，与他们一起读书、做游戏，消减孩子的不安全心理。

在有两个孩子及更多孩子的家庭，如果有一个孩子情绪不稳定，父母要仔细观察、分析，对误以为受到冷落的孩子多给予一对一的“特殊时间”。与其他孩子一起玩的时候，父母要对其多给予关注。父母也要注意给每个孩子一对一的“特殊时间”，让他们享受到全部的父爱或母爱。

3岁多的孩子在幼儿园里，可能因为交友或其他事情不顺心而发脾气。家长要明白，3岁左右是孩子成长的一个转折期，有本书叫《三岁半的孩子是你的朋友还是敌人》就是讲这个时期的儿童心理，强调父母要分析孩子，帮助他们度过困难期。

孩子哭闹、发脾气往往有原因，父母不宜压制，而是认同他们的情感，然后搞清楚缘由，采取措施，帮助孩子心情好起来。如果能启发孩子自己解决问题，那是最好的。

（二）如何消除孩子的恐惧?

4岁左右的孩子受环境或者书和电视中故事的影响会常做噩梦，产生恐惧感，所以不能一味地说教，要照顾他们的感受。父母不要慌张，要安慰孩子，同时找到恐惧的原因，改善孩子的惧怕心理。

（三）如何处理孩子的嫉妒?

勤于观察，善于站在孩子的立场，体恤其内心世界，找到嫉妒的根源。常用的方法是转移孩子的注意力。

（四）如何调教倔强的孩子?

注意与孩子交流的用词。随着孩子自我意识的觉醒，父母命令式的词语势必会引起孩子的抗拒心理。要平等地对待他，与他商讨的时候，要和他平视，不给他居高临下的感觉。

尊重孩子的反抗情绪。或许他们的反抗只是为了让自己受重视，这表明他们长大了，有自己的想法了。

要耐心。孩子反对时，父母要保持冷静，并表现出正在津津有味地倾听，同时提出建设性意见，给孩子思考的时间，事情往往会向好的方向发展。

有创意。父母对待孩子的不听话要有创意，不能直来直去。

如果孩子实在倔强，只要事情对孩子无生命安全的危险，让他们经历一些挫折也无妨。孩子自己想通的事情，才能心甘情愿去做。

四、 玩伴之间发生争执怎么办?

家长不能发脾气责骂，而是把问题还给孩子，让他们主动思考。

教育孩子“交换、分享”是有益于大家的做法，但不能强求别人；有好东西，不要独占；当你要别人的东西时，不能硬抢，要有礼貌地请求。

最重要的一点是制定规则，从“人制”到“法制”。规则是理性的，它能冷静地管理情绪。

五、如何改掉孩子的坏习惯?

“积分奖励”法能帮助孩子意识到自己的好行为，同时慢慢培养对不良情绪和坏行为的自我控制能力。

家长还可因孩而异、因地制宜，创造出更多的好办法。

六、如何表扬孩子?

好孩子是夸出来的，但是，表扬太过会造成孩子批评不得，不能面对挫折。一般而言，表扬可遵循以下原则。

1. 及时性。抓住闪光点，立即表扬。孩子注意力转移快，事后的表扬效果不佳。

2. 细节性。笼统的表扬没有用，比如表扬孩子画画好，要说你的色彩搭配好，太阳、天空、小草的颜色都很生动。

3. 适度性。态度诚恳，发自内心，不夸大，不敷衍。大人所有的情感孩子都能感受到。

4. 儿童立场。如孩子自己穿衣服，穿反了。你表扬道：“宝宝能自己穿衣服了，真不错！”然后指出问题：“你这样穿舒服吗？”或者：“你的穿法与我的有什么不一样？”让孩子自己找出问题而改正。如果他/她坚持这样穿，你就随他/她去。

七、孩子的玩具、衣服、书多好不好?孩子应有怎样的学习环境?

现代家庭有“太多东西、太多选择、太多信息、太多速度”，这“四多”剥夺了孩子们正常发展自我的时间和机会，因此，买玩具、衣服和书的原则是“需要原则”。

家庭应简化物质和精神环境，减少干扰和冲突，才有利于孩子的学习和成长。

八、孩子拖拉不肯走哭闹怎么办？

孩子拖拉是很常见的事情，父母要想办法，要读育儿的书，但也不能尽信书，要根据孩子的具体情况来应对。比如，大孩子可以给他们时间概念，小孩子对时间没有感觉，说了也不懂，倒不如用更他们想做的有趣的事情来催促他们。

九、父母如何控制自己的情绪？

想发脾气的时候，离开孩子休整一会儿，等冷静下来再与孩子在一起。

夫妻之间互相“读懂”对方的情绪，提醒想发脾气的一方。

不在孩子面前吵架，事后讨论。

第五章 社会交往：不要“宅孩子”

本章概述： 如何鼓励孩子理解外面的世界，体验社会交往？

我们主张不要把孩子约束在家，应满足并促使其尽早社会化，在不断体验和练习中逐渐开发社交能力。在走出家门之前，要进行社交启蒙教育，让孩子懂得必要的礼仪，学会尊重、关爱他人，具有团队意识；在外面的世界中，孩子在父母的帮助和启发下自主实践社会化进程。

1. 社交启蒙之一：餐桌礼仪

我先生大牛给双胞胎儿子念《儿童圣经》中关于纳曼的故事。“纳曼”（Naaman）读音相当于美国俚语“不，伙计（Nah man）”，是不想听从别人意见的人常说的话，比如“不，伙计，我不想看医生。”

大牛由此创作出另一个“纳曼”（Nah-man）用于教育孩子。在他的故事中，纳曼表现都不太好，他粗鲁，不善良，比如用手指挖酸奶吃，在生日聚会上爆气球，在足球比赛中推别的孩子。有人叫纳曼不要这样，他总是一成不变地回答：“不，我可以做我想做的事。”

大牛还创造了另一个人物耶曼（Yeah-man），与英文“是的，伙计”（Yeah man）读音相似。显然，他与纳曼不一样，总是听从别人的建议。

孩子们有时喜欢用手拿东西吃，特别是鸿鸿，大牛说：“你们记得耶曼和纳曼吗？想成为哪一位呢？”他们总是回答要做耶曼，于是就用调羹和叉子吃饭。过了一会儿，他们忘记了，又开始用手拿东西吃。

当孩子们叫爸爸给他们讲故事时，他就讲耶曼和纳曼用手拿东西吃饭的故事：“人们告诉耶曼不要用手吃饭，这样会咬到手指，耶曼听了就用叉子吃饭。他会咬到手指吗？当然不会，因为他用叉子啊。人们同样叫纳曼别用手指吃饭，会咬到手的，可他一点也不听，还是用手指吃饭。突然他叫起来：‘哎哟，疼啊，咬到手指了！’为什么他会咬到手指呢？因为他不听话。”

当孩子们听到爸爸发出的“哎哟”声音时都“咯咯”笑了，自然地，他们拿出叉子或调羹吃饭。偶尔，当食物吃起来很麻烦时他们也会用手，但一般情况下他们不会用手拿东西吃饭。有趣的是，每当我们摆放好盘子时，小绮绮总会说：“我没有叉子，我没法吃饭。”

孩子们听故事百听不厌。每天吃饭的时候，他们总会饶有兴趣地让爸爸讲耶曼和纳曼的故事。这些故事有的关于浪费粮食，有的关于餐桌礼仪。比如，耶曼吃饭时总是说“谢谢”“请”，从不把食物扔在地上，也不把手放在别人的食物上。孩子们吃饭时特别爱听这些故事，还建议爸爸再讲一些新的。

由于这些故事贴近孩子的想法，符合他们的胃口，所以，对孩子们的餐桌礼仪产生了影响，但我不知道影响有多大，直到有一天我们应邀去朋友家吃饭我才体会到了。整个吃饭期间，鸿鸿和泽泽的表现都非常棒。当他们要某个食物时，总是有礼貌地说“请”“谢谢”。我听到他俩问女主人：“我能再吃些面包吗？”“您能再给我些火鸡肉吗？”“谢谢。”他们没有触摸过别人的食物，也没有把手放在他们面前的食品盘子上。

后来，女主人告诉我，鸿鸿对她说：“谢谢您给了我们一顿盛宴（feast）！”泽泽也感谢了她美味的食品。鸿鸿的表现让我既满意又惊讶，他竟然还能用“盛宴”这个词。孩子们是在度假中刚学会“盛宴”这个词的，当时我对大牛说我做了一顿大餐（盛宴）。

我家周末常有聚会，我们的博士生，或者是各自的朋友来家里做客，因此，在孩子们很小的时候，家里就立了一项规矩——客人来了，才可以吃东西。

有一次，又有客人要来。我买了菜，三个孩子则忙前忙后，帮助我干家务。鸿鸿放了满满一盆水，把青菜放进去洗；泽泽擦桌子，摆凳子；绮绮则跟着哥哥们打下手，似乎也很忙。

大约过了一个多小时，我烧了许多好菜，香喷喷的，摆了一桌子。三个小家伙垂涎欲滴。我看他们好像很饿了，说：“你们先一人尝一口吧。”鸿鸿看了泽泽一眼，似乎在征求他的意见。泽泽没有讲话，离开了桌子。鸿鸿很懂事地说：“妈妈说过，客人没来，我们不能吃。”绮绮也说：“要先给客人吃。”

我很欣慰，看来平时的礼仪训练起效了。

从小对孩子进行餐桌礼仪启蒙教育，有助于促进孩子社会化进程，对孩子的学习和整个人生的发展将产生积极的影响，尤其对个性、社会性及道德品质的发展具有重要意义。英国家庭教育素有“把餐桌当成课堂”的传统，从孩子上餐桌的第一天起，家长就开始对其进行有形或无形的“进餐教育”，目的是帮助孩子养成良好的用餐习惯，学会良好的进餐礼仪。进餐礼仪教育不是小事，孩子的“吃相”会影响他们未来的社会交往。

2. 社交启蒙之二：关爱他人

有一个国内的4岁孩子的爸爸跟我说，现在的孩子物质条件太好，太娇宠，大部分是接受恩宠，却不知道感恩。其实感恩也是要大人作表率的。小孩子感恩是从生活中的点点滴滴培养和训练的。

在我们家，很多时候会提醒孩子们：“爸爸/妈妈为我们做了这些，我们是不是要说谢谢呢？”当我做了一顿丰盛的晚餐时，我先生总是带头说：“哇，好丰盛啊（What a big feast）！我们得感谢妈妈！”三个孩子就会一个个对我说谢谢。后来，当我做了他们爱吃的东西，他们会自己对我说谢谢。有一次，绮绮没有说，鸿鸿、泽泽对绮绮说：“绮绮，你还没说谢谢妈妈呢！”绮绮马上就说：“谢谢妈妈！”

有一天早上我身体不舒服起晚了，鸿鸿、泽泽帮爸爸做早餐。鸿鸿在厨房和我的卧室之间来来回回地跑，生怕我起床了，一定要让我躺下。我不知道他们在干什么，但看到他认真的样子，就照办了。过了一会，大牛和三个孩子浩浩荡荡进来，大牛拿着托盘，放着早餐和咖啡，孩子们拿着餐具和餐巾，说：“惊喜！床上早餐服务！”这真是我吃到的最可口的早餐！看到我吃得这么高兴，孩子们也决定到床上来和我一起吃。大家都吃得津津有味。这是我很珍惜的时光，也很感谢上苍让我拥有如此可爱的孩子。

后来有一次大牛病了，早上还躺在床上。我在忙其他的事情。一会儿，我听到鸿鸿在喊：“妈妈，我把爸爸的早餐准备好了！”我跑过去一看，鸿鸿费力地托着大托盘往我们的卧室走，托盘上放着一袋面包、一些奶酪、一杯水和一盒蓝莓。这些都是他能够得着的东西。他还考虑了要有水果。蓝莓还在盒子里，但是用水冲过了。整个盒子放在一个碗里。鸿鸿骄傲地解释说，他把蓝莓洗过了，但是怕水流出来，就把盒子放在碗里。我称赞了他很细心，很有办法。爸爸看了很感动。看来给妈妈送早餐的经历还是很有用的。

3岁的双胞胎作为家中小小男子汉，不仅关心父母，还有责任照顾妹妹。事情起源于我的一次购物。结账时，我看到一位带着两个孩子的美国女士告诉收银员关于她和她的孩子如何经营他们忙碌的生活。

她说："噢，我得到我3岁儿子的帮助。他能帮我换尿布，他是个好帮手！"听到这句话我很震惊——3岁的孩子换尿布？但是，从我听到的对话以及小男孩脸上的骄傲，似乎一切都是真的。这件事情告诉我3岁的孩子有比我们预想的有更大的潜能。

我没有训练他们帮妹妹换尿布，但是，我更有意识让他们做事，并担负责任。他们做的事情之一是帮我照看小妹妹。我对兄弟俩说："泽泽、鸿鸿，你们能帮妈妈注意妹妹是不是安全？"当我们过街的时候，我总是说："泽泽（有时叫鸿鸿），抓住妹妹的手，我会抓住你的手。"这些小小策略见效了，无论我在不在他们身边或者是否关注他们，兄弟俩都会照看妹妹。

一天，我到学校接孩子们，当我把他们聚在一起的时候，琦琦走进了一间大孩子用的教室，那里面有一个装了几只宠物的笼子。我看到兄弟俩也跟进去了，围在绮绮旁边，一个试图抱着她，把她从笼子后面拉出来，另一个试图挡在她前面，绮绮发出了不高兴的声音。兄弟俩都说："不不，绮绮，那很危险。"我明白了正在发生的事情。好奇的绮绮被笼里的小动物所吸引，想摸动物。鸿鸿和泽泽想保护妹妹，但他们不知道如何做，所以，他们就强行把她拉开。绮绮当然不理解哥哥们的用意，显得很不开心，仍想摸动物，所以她想挣脱哥哥们。

还有一天，我带着三个孩子到农场集市。那里人很多，很拥挤。我看着集市里的东西，回头一看，绮绮和泽泽不见了，他俩刚才还在我旁边。我环顾四周，看到泽泽紧紧拉着绮绮的手臂，而绮绮扭着想逃开。我走过去，泽泽说："妈妈，绮绮想走开，我努力拉住她。"我谢谢泽泽照顾小妹妹："泽泽，你真是个好哥哥，谢谢你关注她。"

家庭是个小社会，在家里冷漠的孩子到了社会上大抵也如此。双胞胎对父母的关心让我们体会到感恩和幸福，对妹妹的保护也让我们体会到手足之情。一个心中有他人、能担负责任的孩子走出家门后能很好地融入社会。

3. 社交启蒙之三：乐于分享

很多小孩子不喜欢分享自己的东西，我们家的孩子特别是鸿鸿也一样，另两个稍微好些。

怎样才让孩子们更愿意分享呢？我一直在动脑筋寻找方法。有一次我们在教堂里吃不同形状的饼干，鸿鸿像往常那样拿了一块有M&M的饼干自己吃了起来。泽泽也要巧克力的，可是没有了。眼看他就要哭了，我说：“我们分享吧！”鸿鸿当然不肯。我就解释说：“鸿鸿，你现在吃的是一种饼干，如果分享了，你就可以吃到两种了！如果绮绮也愿意分享，你就可以吃到三种了！”鸿鸿想了想，觉得有道理。我接着说：“你是想吃一种呢，还是三种？”鸿鸿毫不犹豫地回答说：“三种！”我说：“那我们就试试吧！”我把他们的饼干分成三份，每人三种。他们很高兴。吃完后，鸿鸿伸出三个手指说：“我们吃了三种饼干，因为我们分享了！”

知道了分享的好处，后来吃东西的时候再叫鸿鸿分享，就不那么难了。很多时候，他们学会了自己分享。

有一次，我们都在吃巧克力，每个人的风味不一样。我没有期待他们去分享。鸿鸿吃了一半，用力掰了一片，递给我说：“我想和你分享。”我很惊讶，因为巧克力是他的最爱，居然舍得分享！我马上说好，也把我的一块给了他。绮绮见状，也要与我们分享。泽泽刚刚吃完，很伤心不能分享。鸿鸿很开心地说：“这是不是个很聪明的主意？这样我们吃到三样巧克力了！”

有一次，绮绮的班上烤了迷你小蛋糕，让他们带回家吃。绮绮带了三个，想和哥哥们分享。回家后绮绮打开袋子说：“我们烤的小蛋糕！”就吃了一个。这时鸿鸿、泽泽看见了，马上跑过来说：“可以给我一个吗？”因为鸿鸿先要的，绮绮就给了他一个。给了后，再看看袋子，发现只剩一个了，这时泽泽还伸着手呢！绮绮情急之下作了决定，把最后一个蛋糕飞快塞到自己的嘴里。泽泽难过地哭了。泽泽的哭声显然让绮绮认识到自己的不公平，感到很内疚。后来的好几天，她每天晚上都和我讲这件事：“我没有给泽泽哥哥小蛋糕，我只给了鸿鸿哥哥。泽泽哥哥哭了。”我说：“那你怎么让泽泽哥哥高兴呢？”绮绮说：“下次我们烤很多蛋糕，给鸿鸿，也给泽泽！”

过了几天，绮绮从学校带回来一袋切好的哈密瓜。一路上，她对爸爸说：“我要和爸爸、妈妈、泽泽、鸿鸿分享！”

刚进门，我去迎她，她就打开给我一块，再给爸爸一块。泽泽又着急了，害怕绮绮不给他。绮绮说：“我会给你的！”说着给了泽泽一块，又给了鸿鸿一块。泽泽吃完了，又要，绮绮又给了他一块。我们都感谢了绮绮。她很高兴，对我说：“妈妈，我分享了！”

分享是人类的亲社会行为，通过主动与他人共享资源，从中获得满足和愉悦。分享有利于孩子建立良好的伙伴关系，形成健康的个性。当然，分享不是与生俱来的，要从小培养。我听有些家长讲，很担忧孩子因为自私，长大后不能建立良好的人际圈，从而影响职业发展，这是有远见的。培养分享的好办法是家长积极倾听孩子的内心，及时鼓励孩子的分享行为，让他们尝到分享的好处。

4. 社交启蒙之四：分工合作

很多专家认为2—4岁的孩子喜欢自己玩，但我发现我们的孩子很早就在一起玩，只是他们还没有学会怎么分工合作，有时吵吵闹闹。父母最重要的是教他们怎么分工合作一起玩。等孩子们学会了技巧后，就可以自己决定如何分工合作。及早培养，孩子们就会有团队精神。

开始，孩子一起玩积木的时候，因为不懂怎么玩，经常打架。

一天，泽泽正在堆积木，绮绮也想参与，她把一块积木放到泽泽堆好的积木上。泽泽正聚精会神地想搭一个形状，一看绮绮放的地方不是他想要的，就着急了，伸手去抢绮绮手中的积木，说：“不是的，不是的！”绮绮一看泽泽抢她的积木，也急了，把泽泽堆好的整个积木都踢翻了。两人都不高兴地哭了。

看到这情形，我把他们叫到一起，对泽泽说：“泽泽，我们再来堆积木，我和绮绮帮你。你当总指挥，告诉我们你想让我们放在哪里，这样我们可以分工合作，很快就会搭好的！”泽泽很高兴地接受了我的建议。然后我对绮绮说：“绮绮，我们帮哥哥搭积木，他让我们放哪，我们就放哪，好不好？”绮绮也答应了。泽泽搭好他的结构后，很认真地说：“妈妈，我想要你把这块绿的放到这里！”我说：“你也告诉绮绮她该怎么放。”泽泽说：“绮绮，你可以把这块黄的放在这儿！”绮绮照做了。我很高兴地称赞绮绮：“放对了，绮绮，你很能干！”在我的提示下，泽泽又给我们分派工作，鸿鸿也加入了。一会儿我们就搭好了积木。最后我说：“大家一起搭很快就好了，以后你们可以分工合作呀！你要用语言告诉别人你的想法，这样就不用打架了！”

我陪孩子们这样玩了几次后，他们就领会了分工合作的意思，很多时候能够自己协调了。

2013 年9月的一天，他们用很多小毛巾和毯子放在茶几上搭帐篷。三人来来回回忙忙碌碌。泽泽说：“我们分工合作吧！”鸿鸿和绮绮都同意了。于是三人一人负责一边，在桌子上铺了一层又一层毛巾和毯子，“帐篷”做好了，他们都爬到桌子底下玩。玩完了，他们把毯子和毛巾摊了一地。我让他们收拾干净，把毯子、毛巾送回抽屉里。开始他们各自拿着一块毯子或一条毛巾跑来跑去，来来回回几趟后，鸿鸿说：“我们分工合作吧。绮绮，我把毯子递给你，你再递给泽泽，泽泽把它们放到抽屉里！”

他们觉得这样很好玩，不一会，三人齐心合力收拾干净，又去玩别的东西了。

分工合作的团队精神是孩子们走上社会后的必备素质，家庭教育应教会孩子一些技巧。比如吃饭后，让孩子分工——爸爸收拾碗筷送到水池，妈妈洗碗洗锅，孩子擦桌子。家长问孩子为什么这么分工，他肯定能说出理由。通过这样的训练，孩子知道参与的重要、分工的重要，团队的共同努力才能高效完成工作。

5. 社交启蒙之五：校内外交朋友

在生孩子之前，我天真地认为0—5岁的孩子最容易交朋友，而且他们不像大人那样会为离开朋友而不开心。而且，我们家三个孩子年龄相当，天天一起玩，就没有刻意去想他们交朋友的事。后来，我与同事聊起小孩上学的事，才发现这个年龄段孩子之间的友谊非常重要。 我的一个白人同事的3岁半的儿子上托儿所，开始他很不喜欢去，总是闹，后来，他交到一个他喜欢的小玩伴，就开始喜欢上学了。我的一个朋友说，隔壁的孩子们开始与她的孩子玩得很好，可是过了一段时间，他们开始孤立她的孩子。为了孩子，她决定搬到另一个社区去， 让孩子结交新朋友。这两个故事说明，交朋友对孩子校内校外的生活都很重要。

在家里我们虽然很忙，但是我们还是尽量去参加一些朋友们的家庭聚会，参加一些社区活动，让孩子有机会与其他小朋友一起玩。我们也尝试着结交一些有小孩子的新朋友。我们通常会请朋友们到家里或者公园里玩。 我家孩子生日的时候，我也会请其他小朋友们一起到家里或者外面去庆祝。同样的，我们也会去参加其他小朋友的生日派对。

我们三个孩子上的第一个托儿所很小，儿子们自然都在一个班上。后来在儿子两岁半的时候，我们把他们转到大一点的蒙台梭利学校。虽然那时可以将他们分开，但是我们当时想他们从小都是形影不离，在新学校一个班上可以一起互相照应，帮助他们适应新环境，就让他们在一个班上。他们是班上最小的孩子，其他孩子都有3—6岁，我们发现他们三个经常一起玩，这样，与其他小朋友一起玩的机会就少了，特别是内向一点的鸿鸿。外向的泽泽虽然很容易与其他小朋友玩，但是鸿鸿总找他玩，他就只得跟鸿鸿玩。每天回家我们都问跟哪些小朋友玩了，有没有新朋友，他们总说跟对方玩。

到双胞胎儿子4岁多的时候，他们转到另一个附近的托儿所，有两个大班、两个小班。因为我们希望他们多去结交自己的朋友，决定把他们三人放在不同的班上。两个大班竟然一个以绿色为教室主调，另一个以红色为主调。绿色是鸿鸿最爱的颜色，红色是泽泽最爱的颜色，儿子们就很高兴地到自己的班上去了。为了让他们都交一些朋友，我们也让老师帮忙让他们努力建立自己的朋友圈。刚开始，他们两个一到户外活动场地就找对方玩，很少找其他小朋友。过了一两个月，他们不那么抱团了，开始跟自己班上的小朋友玩了。我们也每天坚持问他们在学校的交友情况，渐渐地，他们会告诉我们，他们每天和谁玩了，玩得怎样。除此之外，我们还和班上小朋友的父母联系，有意安排他们各自去自己的朋友家玩。有一天去学校接他们，鸿鸿很认真地打开午餐盒，拿出一张小纸条，很骄傲地说：“妈妈，我的朋友邀请我去他家玩！”我一看，真的是另一个家长写给我的信息，让我安排鸿鸿和她儿子玩！

女儿绮绮很外向，她在蒙台梭利幼儿班的时候，很受欢迎，班上的小朋友都喜欢与她玩。 她也喜欢小朋友，特别是小男孩雅各布和小女孩卡佳，他们天天在一起玩，结成了深厚的友谊。绮绮还说长大了要嫁给雅各布。2014年夏天，雅各布升班了，绮绮也转到了新学校的小班，很快又交了新朋友。但是我们发现，小班的学习内容对绮绮来说太简单了。与大班老师商量后，决定将绮绮升到大班。可是决定得太晚，绮绮朋友的班名额已满了，她就到了鸿鸿的班级。

绮绮又成为最小的学生，这个转折对她来说很艰难。刚开始有鸿鸿陪着、保护着，绮绮还行。但是，绮绮喜欢与小女孩一起玩，而其他女孩都比她大，不喜欢她玩的方式，因此，绮绮在学校有些不开心。晚上与我说学校的事，也经常提到她想与其他女孩玩，但是她们不同意，她很伤心。每次说到这些，我总鼓励她主动找朋友，并教她交朋友的具体方法，包括怎样邀请其他小朋友参与她的游戏，怎样应对其他小朋友的拒绝，等等。有时候，她期望她喜欢的小朋友一直跟她玩，我就告诉她，如果总是一起玩很没意思，跟很多朋友一起玩会更有意思。如果有个小朋友不跟她玩，可以找其他小朋友，等这个小朋友愿意玩的时候再一起玩就行了。后来久了，绮绮每天回来都会报告她在学校里结交新朋友的事："妈妈，我今天交了一个新朋友。我跟凯丽/夏洛特一起玩了！"大约两个月后，绮绮变得很开心了，因为她又有好朋友了！

我们这里有一些全职妈妈，她们的孩子不上托儿所或幼儿园，但是，她们非常重视培养孩子的社交能力。一是自发组织定期的"游戏时间"，二是送孩子上半托或者托一两天的学校，以此弥补家庭教育中的社交不足。托儿所的收费与孩子的年龄有关，越小越贵，平均每天50—60美元。也有些学校要求每周至少2—3天来学校。

孩子的自我意识随着年龄的增长而逐步增强，自我意识增强的表现形式之一便是需要朋友。有的因为有好朋友而喜欢上学，有的因为朋友的疏远而孤独。家长要创造机会让孩子交朋友，还要指导孩子解决在交友过程中可能或已经遇到的问题。

6.学会自控：武术管理的糟糕事儿

泽泽对打仗特别感兴趣，鸿鸿和绮绮也常陪他一起玩战争游戏。从我的观察看，他们可能也会喜欢跆拳道，因为跆拳道是与“战斗”有关的运动。于是我联系了当地的武术馆，准备向4岁的儿子们介绍跆拳道。绮绮虽然才两岁半，但她可以旁观，也可以参与。

那天，我先生出差了，我一个人带着三个孩子到了武术馆。武术馆不大，但很空旷，地上铺着蓝红相间的垫子。孩子们一看，很兴奋，马上跳来跳去，跑上跑下。老师讲的诸如什么时候鞠躬、怎样站立、怎样表示尊敬，他们一点也听不进去。老师说：“你们要是很听话，我会有个惊喜给你们。不过，你们要获得这个惊喜，要经过一定的努力。”虽然老师给出了“诱惑”，但是，没对他们起什么作用。整个上课过程，孩子们依然在疯玩，特别是鸿鸿，一刻不停跑来跑去。我和老师手忙脚乱地想让他们听从指令，但他们依然如故。

上课结束，他们当然没得到“惊喜”。老师说：“我想给你们的‘惊喜’是一根漂亮的白腰带。”说着，老师“秀”出了白腰带。老师接着说：“这次你们表现不好，所以不可以获得。下次如果你们的行为有所改善，好好听从指令，才能赢得。”儿子们面面相觑，看到那条白腰带，都很眼馋。这时，他们才意识到了不听话的后果。

回家后，我用这次经历告诫他们要听老师的话，要不然就不能赢得自己想到的东西。他们也对不听话有了切身的认识。第二天放学回来，绮绮给我讲学校的事情，她说的第一件事是“今天我很乖乖，我的行为很合适”。泽泽郑重地总结说：“后果有好的，也有坏的。”我就问：“那你是要好的后果还是坏的后果？”他说：“要好的！”

我先生出差回来后，又带儿子们去上跆拳道课。这次，他们很听话，很认真地上了一课。回来后，两人都演示给我看，并特别强调说他们这次听话了。

孩子们面对新的环境，尤其是他们喜欢的新鲜事物，总很难控制自己的行为，这符合儿童的心理特征。但是，家长和老师面对孩子的不听话，往往难以自然平复心情，骂几声，吼几下，是少不了的，甚至恨不得揍他们一顿。不过，骂过、吼过，孩子对错误的认识来自外部，所以，收效甚微，下次依然不听话。跆拳道老师的办法很好，他不是先给每个孩子配上白腰带，而是告诉他们，惊喜的礼物需要良好的表现，世上没有不劳而获的好事。

三兄妹上的学校环境好，也很安全，我就没有特别在意孩子的安全教育。鸿鸿精力充沛，似乎有使不完的劲儿。学校有停车场。有一次，三个孩子刚从车里出来，鸿鸿撒腿就跑。一辆车开得比较快，司机没注意鸿鸿小小的身影，等发现时，仓促中只得猛刹车。我吓出了一身冷汗。

我没有发火，而是把鸿鸿叫到身边，问他为什么跑。鸿鸿说，他在车里坐久了，想动一动，另外，他想看汽车上的图案。我说，乱跑是很危险的，像刚才那辆车，如果撞上你了，那多危险啊！鸿鸿后怕地点点头。

放学的时候，我先接儿子，然后带着他们去妹妹的教室。一到那里，鸿鸿就乱翻其他小朋友的东西。我俯下身，问他是怎么回事，原来，鸿鸿看到有小朋友的包包与妹妹的相似，他就想看看是不是一样。

我温柔地对鸿鸿说：“你想研究两样东西是不是一样，是吗？”他有点委屈，点点头。我又说：“研究是好的，但是，如果你不在的时候，别人翻你的东西，你高兴吗？”他说不高兴。我问：“如果你好奇，但又不能翻人家的东西，该怎么办呢？”他想了想说：“可以和小朋友一起研究。”我说：“这就对了。”并强调说：“主人不在时是不能动人家的东西的。”

孩子们在学校里发生的事是糟糕的，无论在武术馆的疯玩，还是托儿所停车场的乱跑，抑或是乱翻别人的东西，但是，三件事都让孩子得到了成长，学会了听从师长的建议，控制自己不合理的情感和行为。

7. 邀请无家可归者

孩子们有时会提出很多社会问题，我们觉得要像对待大人一样和他们解释。

2013 年的圣诞节，天气很反常，有几天风雪交加，还有雨，到处都结冰了。我们所居住的地区大面积停电。没有电，家里就没有暖气，太冷了，所以，我们应邀到一个朋友家去住了两天。后来，我们家来电了，我们的另一个朋友家还没来电，我就请他们来我家住。鸿鸿和泽泽很好奇地问为什么。我告诉他们，因为停电了，没有暖气，很冷，又不能做饭，大家要互相帮助。

第二天，我先生带他们出去玩，他们看见一个无家可归的人站在路口。泽泽问爸爸：“那个人为什么站在路口？他不冷吗？”爸爸：“那个人没有家，所以站在那里。”泽泽：“我们有家，可以邀请他到我们家，那他就不冷了。”爸爸：“这是个好主意。不过他可能会去无家可归者的救助站（Homeless shelter）。”泽泽：“噢，那里暖和吗？”爸爸说：“那里很暖和。而且今天晚上，他们会救助很多的人。”泽泽听了很高兴：“如果他们地方不够，可以来我们家。”

如何让孩子感知爱并由己推及他人？这是每个父母应该考虑的问题。目前，每个家庭都把孩子视为掌上明珠，万般宠爱，弄得孩子以为自己是最重要的人。在溢满爱的呵护下，孩子变得骄横傲慢。等到孩子长大后，父母才不知所措，说现在的孩子不懂感恩、难养，甚至怪这个时代浮躁，怪独生子女政策，恰恰不从自身寻找原因。孩子本是一张白纸，他们怎么会变得骄横无理？事实上，孩子的感知能力有限，如果缺乏正确的引导，他们会对爱视而不见。在风雪交加、停电无暖气的情况下，我们得到了朋友的关爱。当我们家来电之后，也邀请另一朋友来我们家住。孩子对这一现象产生疑问，我直接告诉他“大家要互相帮助”。第二天发生的事情则是孩子以己之心推及他人。他关心流浪汉冷不冷，关心救助站里的地方够不够住，邀请流浪者到自己家。从小有了这样的爱心，能对他人的不幸感同身受，长大后，孩子一定会关爱社会、感恩他人、孝敬父母。

如何培养孩子的爱心，并以己之心度他人之难，家长可以有如下做法：

第一，善于捕捉契机，引导、培养孩子敏感、温存和善良之心；

第二，以问题促思考，使孩子的感知范围由小到大、由近到远、由身边到社会。

第三，家长要以身作则，在善良的家庭里成长的孩子，必有仁爱之心。

也许有家长认为这样教育出来的孩子长大后要吃亏，事实上，对别人好就是对自己好。有可能吃眼前亏，但长久来说，多考虑他人感受的孩子一定会得到更多人的喜爱，得到更大的发展平台。

8. 给予的乐趣

现代的孩子特别是家庭条件优越、物质丰富的孩子，已经习惯于接受，而对给予的概念比较淡薄。加上现在买东西都是刷卡，孩子对物质的价值也没有概念。一个朋友告诉我，他们的孩子对50块钱和20块钱能买什么东西毫无概念。对他们来说，玩具、食物来得太容易，所以对生活，特别是那些物质比较缺乏的孩子不是很理解。在美国，我的很多朋友都意识到这个问题，所以很注意孩子给予的意识，很多同事都鼓励孩子捐赠自己的东西给救世军。

我们家培养给予的意识是从生活的点点滴滴做起。比如，有一次夏天出去度假，回来的路上到果园里摘了很多桃子。回来后，我说：“摘了这么多，怎么办呢？送些给邻居吧！”孩子们很兴奋，在我们的帮助下挑了两袋桃子，自告奋勇地给邻居送去。还有一次，我们买了一个大蛋糕，吃不完，他们说可以给阿姨送去，于是我让他们给邻居送蛋糕。

平常过节的时候，比如圣诞节，我们也会买些小礼物，让孩子们给邻居送去。他们总是乐此不疲，争着分工，事前想好谁拿礼物、谁按门铃等。邻居非常乐善好施，经常帮助我们。我们很忙或者生病的时候，会给我们送吃的，还经常到我家帮忙带孩子。孩子们经常感受“接受”。后来一次邻居去做手术，我们也帮他们做饭，让孩子们送去，这样，他们也可以感受给予的喜悦。

2013年10月的一个周末，郊区苹果园搞一个给无家可归者摘苹果的活动，我们也去了。我对孩子们说，我们今天给无家可归的人摘苹果，这样他们有新鲜水果吃，又可以在感恩节做苹果派。他们摘得很卖力，当然小绮绮也吃得很卖力。我们一家拉着一个小拖车摘了满满一车苹果，把它们交给收集苹果的义工们。临走的时候，我们看见一个拉苹果的大卡车，我告诉他们，这辆车会把我们摘的苹果分送给无家可归的人，这样他们就可以吃到好吃的苹果了！这时泽泽说：“那我们以后要再来，他们吃完了，就又有苹果吃了！”

图5-1　给穷人送苹果

2013年圣诞节，我去教堂参加一个叫“圣诞儿童”的活动——给世界上其他贫穷地区的小朋友送装满小礼物的鞋盒子。我也给我们的孩子每人拿了一个盒子，让他们自己挑选一些自己喜欢的玩具放进去，这样增强了他们给予的意识。后来绮绮看到她小时候的玩具或衣服，都会跟我说："妈妈，这是我小时候用的，我可以把它送给其他的小宝宝吗？"看来，他们"给予"的意识已经扎根了。

给予的意识要从小培养，在孩子很小还不知道"自私"的时候培养最为重要，等孩子大了就难以改正。我有两个在上海当老师的朋友，各有一个儿子。一个孩子豪爽热情，有什么好东西都要与别人分享，深得大家喜欢；另一个孩子自私小气，动不动发脾气，没有孩子愿意与他玩，大人也对他敬而远之。我询问两个朋友为什么会这样，大方的孩子家长说，他们从小就教育孩子有好东西要与人分享，再好吃的东西，他们家都是父母孩子各一份。小气的孩子家长说，他们家从小就小气。他把小气归于孩子的天性。不管两家说辞如何，"从小"二字是双方都提到的。大方也好，小气也罢，都是"从小"家庭教育的结果。

给予很重要。会给予的人，才会感恩父母、感恩他人、感恩社会，能得到更多人的喜爱，自己也会得到更多的幸福感。

9. 与陌生人交谈：获取间接经验和知识

灌输安全知识很重要，但不能千篇一律，抹杀了孩子对人的真诚和信任。虽然我们也跟孩子强调安全意识，但更鼓励他们，父母在场的时候多与其他人交流，并且很欢迎陌生小朋友与我们交流。一般家长会说"Don't talk to strangers"（不要与陌生人讲话），但我认为有大人在场的情况下是可以的。而且，我让孩子们随意问问题，只有这样才能培养他们独立交往的能力。

有时候在公共场合，我先生给他们读故事书，我们会鼓励有兴趣的小朋友一起听。同样，我们去公园玩，有时看见其他的爸爸在湖边给自己的孩子念书，泽泽凑过去听，鸿鸿也去了，只要对方不拒绝，我们就让他们听。泽泽特别喜欢与人交朋友，只要我们在，我就鼓励他自己回答问题、问问题。

有一次，我们在社区里散步。泽泽看到一个老奶奶在整理草坪。老奶奶戴着一顶大帽子，鼻子上贴了胶布。泽泽很好奇，就过去问老奶奶干什么，为什么鼻子上贴着东西，是不是受伤了。老奶奶解释说，她的鼻子有皮肤癌，刚做了手术。泽泽又问她为什么会得皮肤癌。老奶奶说是因为她年轻的时候当过沙滩救生员，经常晒太阳，所以才会得皮肤癌。还说要泽泽多注意擦防晒霜。这次的谈话让泽泽了解到了防晒霜的作用，很长时间还记得这个老奶奶。回来我们给他们擦防晒霜，他们从不抗拒，而且泽泽经常说起，要是那个老奶奶记得擦防晒霜，就可能不需要手术了。

还有一次我们在超市里买东西，泽泽在等着骑木马。一个美国小伙子拄着拐杖经过，泽泽向他打招呼，问人家为什么拄拐杖。那个小伙子说：“打球时没照顾好自己。”泽泽就接着问：“打球怎么会受伤呢？”“用拐杖会怎样？没有用拐杖会怎样？”泽泽问了十万个为什么，人家都回答了。小伙子问泽泽叫什么名字，他说叫Patrick，小伙子很高兴，说他也叫这个名字。他们聊了好长时间，对话非常生动。那个大Patrick显然对泽泽的问题很感兴趣。后来还是他的同伴催他才离开。临走时，还像哥们似的和泽泽击掌道别。泽泽很高兴，很久还记得那个大Patrick。每次提到他，就会告诉我们他的腿是踢球弄伤的，他得要用拐杖。

孩子在与陌生人交往的过程中，学到很多的人生经验和知识，这对他们的个性培养和间接体验都有帮助。当然，要在父母在场的情况下，孩子才能与陌生人交流。虽然陌生人不一定是坏人，但安全教育不能忘记。

10. 参与社区活动：我能帮忙吗？

2013年夏天参加一个华人聚会，很多小朋友都在。其他的小朋友去游乐园玩，但是鸿鸿和泽泽决定留下来帮忙，他们走到负责的叔叔、阿姨那里，问："我们能帮忙吗？" 叔叔正在给桌子铺上简易桌布，怕风吹掉，就用粘胶把桌布粘在桌下。鸿鸿和泽泽马上钻到桌底帮忙。看到自己的成果，他们很骄傲，问我："妈妈，我们还能帮什么忙？"我说："你们再去问那位阿姨吧。"负责的阿姨很吃惊，很高兴地分派他们把放刀叉的盒子还有喝水的纸杯子从箱子里拿出来放到桌上供大家使用。他们干得很认真。鸿鸿还自告奋勇地把刀叉都摆在桌上。负责的阿姨说这两个孩子真好，非常棒。他们一听，劲头更足了，跟在她的身后，要求继续帮忙。后来，他们又帮她去洗餐具，感到非常自豪。听到其他爸爸妈妈的夸奖，我也很高兴。这是我们经常在家鼓励参与的结果。有了参与意识，他们会看到外面也有很多参与的机会。这是家庭教育的延续。

还有一次，我们带三个孩子去蝴蝶馆玩。蝴蝶馆里有很多热带植物，馆内气温很高。

我们都在那里追蝴蝶的时候，鸿鸿看到一个工作人员拿着水壶，准备浇水，他马上跑过去自告奋勇地说："我能帮你浇水吗？"

工作人员很惊讶，想了想，就同意了。鸿鸿立刻接过水壶，在工作人员的指引下开始浇水。可是水壶太大，让他很难浇水。这时，他看到一个小水壶，就把大的换成小的，打开水龙头，自己灌水、浇水，来来去去很认真。

泽泽和绮绮看到了也加入了。他们三人轮流把蝴蝶馆内的植物都浇遍了。

临走的时候，他们跟工作人员说："再见"。工作人员说："谢谢你们。这些植物需要很多水，它们今天应该特别高兴。”

鸿鸿和泽泽说，“那我们下次来再帮忙浇水！”

过了一个星期，我们又回到蝴蝶馆玩。去的路上，鸿鸿问我那个工作人员的名字。我说我不知道，但是他可以先自我介绍，然后询问谁是工作人员的名字。在我们的帮助下，他们在车里练习如何进行自我介绍。

到了馆里，鸿鸿一见到那个工作人员就说：“你好，我叫Francis，你叫什么名字？”工作人员说了她的名字。鸿鸿说：“我们今天帮你浇水。我们说了会再回来的。”然后他们三个人轻车熟路地帮忙浇水。

图5-2 鸿鸿在蝴蝶馆浇水

浇完水，他们才去看蝴蝶、追蝴蝶玩。

让孩子参与社区实践的机会很多，可以说无处不在。

有一次，我带孩子们去社区图书馆，我们在找书的时候发现一本书被撕坏了。泽泽告诉我说：“妈妈，这本书被撕坏了，得修一下。”

我看了看说：“需要图书管理员修。”

泽泽立刻拿着书找到图书管理员：“这本书破了，请帮忙修一下。”

图书管理员感谢了泽泽的帮助。泽泽很高兴，回来后立马就告诉爸爸他帮助图书管理员了。爸爸问：“你怎么帮助了图书管理员呀？”

泽泽很自豪地说：“我发现一本书被撕坏了，把它送给图书管理员去修了。”

无论在聚会场所粘桌布、洗碗、摆餐具，还是在蝴蝶馆浇水抑或是发现被撕坏的书请图书管理员修理，孩子都是保持了快乐、健康的心态。他们参与劳动，锻炼能力，获得了他人的赞赏，这是一举多得的好事。

11. 与爸爸妈妈一起去幼儿园做义工

在美国，大家都很注意培养孩子的公益意识和奉献精神。我们的孩子还小，能做的事情比较有限，但我们也尽可能让他们参加。

每年开学前和学期结束，孩子们所在的幼儿园会呼吁学生和爸爸妈妈一起去学校帮忙清理校园，我们觉得这是全家共同参与的好机会。孩子们对幼儿园的环境很熟悉，也认识很多其他的父母和同学，清理院子、种花锄草等又是他们很喜欢做的。他们干累了，还可以与其他的孩子一起玩，幼儿园很安全，我们不需要随时盯着。让他们参与幼儿园的清理活动，让学校更美，也会让他们有成就感，更热爱自己的学校，真是一举多得。所以，每年这个时候，我们都会去参加。

一般来说，我先生锄草、砍藤，我种花、收拾花圃。孩子们有时跟着爸爸，帮忙捡树枝、拿工具；有时跟着妈妈，帮忙拿花苗、填土，他们甚至还告诉我应该栽在哪里；有时候看见其他的爸爸妈妈干与我们不一样的活，也会凑过去，要求帮忙或者好奇地问问题。累了，倦了，他们就到幼儿园的游乐场去玩。

这些活动让孩子们感到很骄傲。每次经过他们种的花时，会骄傲地说：“妈妈，这是我们一起种的，好漂亮！”他们还会告诉我，学校旁边的栅栏以前爬满了藤，是他们和爸爸还有其他的叔叔一起清理的。

这些参与让孩子们对做义工很有意识。

学期中的时候，我们都很忙，所以很少参与当义工。鸿鸿和泽泽经常回家告诉我们他们的学校需要什么，要求我们参加。比如2014年

5月，他们的教室需要有人送花，让孩子们有练习插花、布置教室的机会。儿子们就鼓励我们报名。5月的每个星期一，我们会让儿子们拿着一束花去学校。儿子们非常认真，每次都小心翼翼地拿着，很负责任地交给老师。又有一次，他们班上举行做松饼的特殊午餐活动，需要很多的爸爸妈妈帮忙做松饼、烤肉、清理等。鸿鸿说爸爸应该去，因为他们需要义工。我先生虽然很忙，但看到鸿鸿这么主动，就去了。看到爸爸在那里帮忙，鸿鸿和泽泽很开心、很骄傲。回来后，他们兴奋地给我们讲了他们的特殊午餐，还强调下次有机会让我也去。

义工也称志愿者，起源于19世纪西方国家宗教性的慈善服务，本质是服务社会，核心精神是“自愿、利他、不计报酬”。在美国，做义工非常普遍，是公民回馈社会的一个普遍方式。在他们的理念中，社会的具体体现就是社区，学校是社区的组成部分。孩子从小就耳濡目染，接受做义工的活动，成年后义工就成为他们日常生活中的自觉行为。在中国，义工也渐渐被人们了解并付诸行动。培养孩子做义工，父母要先做榜样，没有功利，真诚服务，孩子未来在社会上就是个受欢迎的人。

答疑解惑

一、孩子的餐桌礼仪有哪些？

不用手拿东西吃，要用筷子或刀叉。

不把手放在自己面前的食品盘子上、别人的食物上，也不把食物扔在地上。

向别人要某个食品时，要有礼貌地说“请”“谢谢”。

客人来了，才可以吃东西。

二、如何让孩子感知爱并由己推及他人？

（一）在家庭里

提醒孩子说出对父母劳动的感谢，并渐渐养成感谢的习惯。

提醒孩子关心父母，照顾弟弟妹妹，包括亲戚家的小孩子。

（二）在社会上

善于捕捉社会事件的契机，引导、培养孩子敏感、温存和善良之心；以问题促思考，使孩子的感知范围由小到大、由近到远、由身边到社会。

家长要以身作则，在善良的家庭里成长的孩子，必有仁爱之心。

三、如何培养孩子乐于分享和慷慨给予的意识？

告诉孩子，互相分享可以从一种变为两种甚至更多，并及时鼓励孩子的分享行为。

给予的意识要从孩子很小还不知道“自私”的时候培养，等孩子大了就难以改正。要从生活的点点滴滴开始，如对父母、邻居、同伴慷慨大方。

四、如何培养孩子分工合作的能力？

在每个项目上都有个负责人，他/她要与成员沟通，达成协议，然后各负其责。

要用语言把你的想法告诉别人，而不是直接采取行动。

五、如何培养孩子的自控力？

打骂无用，这种外部干预，不能从根本上让孩子认识错误。

一个有效的方法是先让孩子知道如果自控力强，会得到怎样的好结果。如果不听话，就得不到好结果。在实施的时候，按照预先的约定行事。

六、如何帮助没有上全日制托儿所的独生子女找玩伴？

独生子女政策虽然是中国的一项国策，但独生子女并不是中国特有，国外也有许多这样的家庭（如克林顿家），因此，我们要以平常心看待独生子女问题。

家长可以创造条件让独生子女拥有玩伴。

第一，把社区当作寻找玩伴的最方便场所。社区里一定也有其他家庭在寻找孩子的玩伴，与不同脾气、性格的孩子交往更能锻炼独生子女的社会适应力。

第二，与其他投缘的家长固定“约会时间”。这样的家长可以是同事，也可以是老朋友，还可以是新朋友；可以住得近，也可以住得远。约定某个时间一起在家里玩，一起出游，一起看电影，等等。独生子女“两小无猜”的交往说不定会结成终身的朋友。

第三，家长放低身段做孩子的好玩伴。家长可以设计一些有意义的寓教于玩的课程，并且“玩具总动员”，孩子就不愁没有玩伴了。最重要的是家长要有与孩子同龄的心态。

七、如何帮助上全日制托儿所、幼儿园的孩子交朋友？

父母要重视孩子的交友问题。从学校回家，多问问孩子与谁一起玩，怎么玩的，发现问题及时指导，帮助孩子掌握交友技巧，诸如如何主动找小朋友玩，如何应对小朋友的拒绝，如何拒绝别人的邀请。在大人在场的情况下，鼓励孩子与陌生人交流，以此了解人生的间接经验，增强与人打交道的能力。

八、做义工是不是傻子？

义工的宗旨是“自愿、利他、不计报酬”，做义工不是傻子，而是培养孩子关爱社会、锻炼能力的表现。一个喜欢做义工的人，必定能受到他人的欢迎，也能获得更多的机会，增加成功的砝码。孩子是否愿意做义工，关键在父母对义工的认知。

第六章 ▶ 双语发展：一语一世界

本章概述：语言学习与日常生活相结合，要在亲子互动中获得，同时，有意识地开发系列家庭活动。从戏剧教育、睡前故事等学习方式中，孩子获得的不仅是语言本身，更了解了文化习俗，培养了多元看待世界的眼光。如果家长外文能力欠缺，可以利用生活中的各种资源，比如外文儿歌、童谣、动画以及网络远程指导，给孩子提供帮助，使孩子习得原汁原味的外文。

1. 双语可以从胎教开始

我是学语言的，因此，对孩子的英汉双语学习很关注。双语学习既可以让孩子们熟悉两种语言文化，又可以增强智力发展。在我们这个日益全球化的世界里，双语就是优势。

我认为孩子精通某一种语言，不是靠“学习”，而是在环境中自然而然的习得，对学前幼儿来说，在玩中学双语会有更好的效果。

母语的听说读写有好的环境，肯定没问题。外语的学习需要父母创造与儿童发展特征相吻合的语言环境。语言环境不仅是物质的，局限于家中的墙壁、图书、电视等，语言环境更是生活的一部分。

说到外语学习，中国家长喜欢问用什么教材？事实上，只要有图画的儿童书都可以，也有人把这种图画书称为绘本（Picture Book）。图画书的种类很多，关键是父母如何使用这些书，如何与孩子互动，父母要用生动的方式让孩子有兴趣学习。

对我们家的孩子而言，英语是母语，汉语是外语，对大多数中国家庭而言正好反过来了。但我所提供的策略和方式适合于所有的家庭。

我们住的地方是个大学城，中国人不多，中文环境不好，所以我们在家比较注重中文的培养，让他们的中文和英文的发展尽可能平行。

对孩子口语的培养从婴儿开始。当孩子在妈妈肚子里的时候，我就用英汉两种语言与他们讲话，这样，孩子就会熟悉这种语言的韵律。在0—2岁的婴儿期，我继续与他们讲英汉双语，并与他们做游戏、唱歌。大量的亲子交流是孩子运用语言交际的重要手段。如果有可能，雇佣会讲外语的保姆或临时照看婴儿的人，这对创造环境很有利，在孩子不会说话的时候，我就雇用了两个会讲汉语的人帮我照顾孩子。当孩子们七八个月大的时候，我使用木板书和布书。我家的咖啡桌上堆满了书，在孩子们会爬的时候，他们随时都可以触摸到书，有英文的，有中文的。

有的父母担心孩子这么小就学双语，会不会混淆。语言学研究已经发现，婴儿出生的时候就可以分辨不同的语音系统，到四个月时他们就可以分辨出类似的语音。双语婴儿比单语婴儿对于语言更加敏感，他们很少混淆不同的语言系统，也不会影响他们的双语学习。实际上，很多研究已发现双语让孩子更聪明，在社交上更有灵活性，在认知上也比单语孩子更有优势。

除了这些担心外，很多家长以为双语学习一定要到正规的学校、专家那里去学。其实对学前孩子来说，家长如何创造双语学习的环境，如何观察了解孩子的喜好，在发展孩子喜好的基础上推动孩子的双语学习，则更为重要。首先，家长要充分利用身边的环境。比如，在超市购物，我们用英语、汉语说出物品的名字，孩子摸一摸物品，感受物品，选择一些物品如蔬菜、水果、面包，这样，他们就对物品有了概念，有了第一手经验，语言与物品有了对等，他们就容易记住。

其次，家长不能硬灌硬塞地让孩子学语言，或者说，为了学习而学习，因为孩子在这个阶段根本不理解双语学习的重要性。相反，家长善于观察孩子的兴趣，在培养兴趣的时候培养双语学习，会更有效果。我们家三个孩子有不同的爱好兴趣，如果不因人而异，千篇一律，就会适得其反。比如，泽泽喜欢听打仗的故事，我就顺应他的兴趣，陪他读关于打仗的唐诗，读《三国演义》，给他买披风、玩具弓箭，讲他成为书中人物当将军的故事。鸿鸿对打仗的故事有一些兴趣，但对唐诗一点兴趣也没有，他喜欢听音乐、听故事书，所以我从不强迫他读唐诗。绮绮喜欢公主之类的故事，我们就顺应她的喜好，给她读一些经典的中英文的公主的故事，比如《灰姑娘》《白雪公主》《美人和野兽》，还给她讲“绮绮公主”的故事。

有时我们也观察孩子们共同的爱好，这样他们可以一起学，一起玩。比如，我们看到他们都喜欢国王的故事，就给他们读有关的书。《小东西国王》（*The King of Little Things*）成了他们非常喜欢的一本书。这个故事讲的是小东西也可以干大事。小东西国王通过智慧和小东西们（小扣子、小钉子、小虫子等）的帮助，战胜了强大的诺莫斯国王及他的军队。他们都喜欢海盗的故事，我们也经常给他们读。有一次，泽泽和鸿鸿在图书馆里发现了《罗宾胡克海盗猎人》（*Robin Hook Pirate Hunter*），讲的是海盗胡克船长的养子不喜欢当海盗，决定和其他被海盗们抢劫了的孩子一起去抓海盗，最终机智地战胜了最强大、最凶恶的海盗。三个孩子都能把这些书背得滚瓜烂熟，读完了自己组织扮演故事里的角色。

成功的双语学习还要有很多运用语言的机会、经历语言的机会。爸爸妈妈可以在生活中给孩子创造机会，做他们语言学习的好玩伴。

2. 家里、车里、店里：双语环境无处不在

我们家只有我说中文，孩子除了从小听保姆说点中文外，出门就是英文，所以如何创造中文环境对孩子们的双语习得很重要。

我们家的墙上挂满了中文图片，主要是让孩子们见到汉字、熟悉中文，这样他们不觉得中文很陌生。我们其实不要求他们都会认字，而是偶尔让他们指出图片上的东西，特别是家里没有的。比如，我说："轮船，谁会找到轮船？"他们就会跑到壁挂上去找轮船的图画。除了壁挂，我看见有些父母（中美都有）还把家里的很多东西都贴上标签，写上中英文的名字，比如他们的衣柜上贴有袜子、裤子、上衣、内裤等标签。孩子虽然还不会认那些字，但是可以经常看，接触这些字。这些环境中的接触对孩子双语的自然习得，特别是在屋外没有文字环境的情况下，非常有潜移默化的作用。

除了家里，其他很多地方都可以创造语言环境。比如汽车环境，孩子上学放学接送坐车，出去吃饭、参加活动坐车，长途旅行就更不用说了。所以，如何利用坐车的时间，营造语言学习的环境也很重要。很简单的办法就是放音乐和故事碟，中英文都有。因为孩子们对英文歌曲、故事很熟悉，我们大部分时间播放中国音乐CD和经典故事片。孩子们喜欢在我们开车的时候听这些音乐。他们学会唱许多歌曲，如《拔萝卜》《两只老虎》《哈巴狗》《三只小猪》《小星星》《丑小鸭》《数数歌》等。这些歌词带有叙事性质，是一个个生动的故事，由于孩子们已经知道了这些故事，所以唱歌的时候印象很深。他们也很喜欢故事片，如《皇帝的新装》《卖火柴的小女孩》《小马过河》《猎人和狐狸》等故事。听中文故事时，我开始不知道他们到底能懂多少。后来他们发现爸爸的中文水平有限，听不懂，就解释给爸爸听。这样我们发现，他们懂得的远比我们想象的要多得多。女儿两岁多就能听懂中文

了。中国家长可以让孩子听对的系列歌曲，美国很多孩子都会唱，有400多首英文儿歌、童谣。

现在互联网很发达，社区活动很多。爸爸妈妈只要用心去经营，会发现语言环境无处不在。我们每星期都与中国的亲戚、朋友视频，很多时候我会让孩子和他们对话。即使他们不说，听到我们的谈话也是习得过程。我们在让他们参与家务劳动时也创造习得的环境，比如，有一次我和孩子们一起做包子和比萨饼，一边做一边用中文和英文交谈，这样他们就知道擀面杖、面粉的中英文怎么说，擀面、揉面是什么意思。还有去进行体育运动、在动物园、在养马场、在南瓜地、在蓝莓园、在社区活动、中国人的聚会，都可以学到中文和中国文化。以学诗为例，我们常开车去湖边的公园，那里有许多鹅，所以，我就教他们《咏鹅》："鹅，鹅，鹅／曲项向天歌／白毛浮绿水／红掌拨清波。"当他们会背诵后，只要一看到鹅，他们就会大声背诵《咏鹅》。夜晚，天上挂着一轮满月，我就教他们李白的《静夜思》："床前明月光／疑是地上霜／举头望明月／低头思故乡。"当我们看到瀑布的时候，我就教他们李白的《望庐山瀑布》："日照香炉生紫烟／遥看瀑布挂前川／飞流直下三千尺／疑是银河落九天。"

为了创造更多的双语环境，有时周末我安排一个带孩子买东西的"特殊时间"，这样我们可以全程用中文。比如在商场买菜的时候，我会带着他们挑东西，让他们既听到我讲中文，又可以用英文参与买的过程。他们会问（有时用中文，有时用英文）："这是什么？""那是什么？""我们买这个好不好？"我都会和他们交流。很多时候，因为他们参与了买的过程，吃的时候也很享受。比如，买奶酪、酸奶的时候我让他们挑，回来吃的时候，他们会说："妈妈，这是我们一起买的。很好吃！"

我认识几个上海本地家庭，他们为孩子创造英语学习环境的做法值得借鉴，而且费用不高。一个朋友请了上海交大的美国留学生带5岁的儿子踢足球，一年下来，儿子身体长得棒，英语也很流利；另一个朋友为4岁的女儿请了加拿大人教绘画，三年时间，孩子不仅出了画册，而且英语与外国孩子不相上下。还有个已经上初一的女生，在西餐店做义工，给外国大厨当下手，一年中每个周末去一天，暑假去一个半月，寒假去20天，一年下来，孩子拍了大量的西餐图，并用中英双语注解，写成了一本非常实用的双语菜谱。需要强调的是，不要为学外语而学外语，我的朋友家的孩子都是在学习足球、画画、西餐制作等具体事情中自然而然使用外语的。

学语言必须从小开始，3岁以前希望家长通过儿歌、童谣、绘本磨炼孩子的英文耳朵，4岁之后，互动的要求高了，而家长没有用英文自由互动的能力。怎么办？在互联网时代，网络课程使得中国孩子与优质外教“天涯若比邻”。如我的朋友聘请美国本土高质量的教师，给她自己以及亲朋好友的孩子通过视频，实时互动上课。幼儿园孩子每次半小时，小学生每次40分钟，中学生每次一小时。幼儿园班每天上，小学以上孩子隔天上。朋友会参与外教备课，告诉他/她中国家庭和孩子的特征，使课更接“地气”。每次上课使用的故事书、教案她都在微信圈里事先与家长沟通，这样，家长能在上课前对孩子做简单的辅导，提高效率。比如，万圣节快到了，朋友设计了万圣节文化课。外教把上课需要的图画、文字先发给她，她建议外教用孩子已经知道的句型，如：This is...，It is...，用到的单词有万圣节（Halloween）、南瓜（Pumpkin）、鬼（Ghost）、脸（Face）、开心的(Happy)、忧伤的（Sad）、不给糖就捣乱（Trick or Treat）。这些单词都不需要认识，只要看到图片能说出就可以了。家长们给孩子买了南瓜，在南瓜的脸上刻了开心的鬼、忧伤的鬼，孩子们上课的时候带着南瓜，坐在电脑前，听外教给他们讲故事，他们自己也重复故事内容。半小时到了，孩子们还不想离开，外教又上了10分钟，他们才恋恋不舍地离开了电脑。圣诞节前夕，外教上苏斯博士（Dr Seuss）的《圣诞怪杰》（*How the Grinch Stole Christmas*），先请家长带孩子看英文电影，然后，朋友把绘本做成PDF格式的书发给家长（外文绘本很贵，一年读上百本，需要考虑成本），外教上课时带孩子阅读绘本。通过讨论，孩子也能体会爱的力量，体会到物质与幸福感不成正比。

家长们常讲，在中国学外语没有环境，其实，环境是自己创造出来的。在汽车里听外文歌，睡前听外文故事磁带，请外教通过网络互动讲故事，都是创造外语环境的好办法。当然，买书、请外教要花费一定的费用，我认为钱能买到的都是小事，过了孩子学外语的关键期，多少钱都买不回童年的宝贵时光。

3. 泽泽将军/超人的诞生：顺应孩子的双文化兴趣

有一次和一个访问学者聊孩子的事，我说起我们孩子，特别是泽泽对中国古诗的兴趣。他很惊讶， 说他4岁的女儿对诗一点也不感兴趣。我问：“那她对什么感兴趣呢？”他说：“就是对玩感兴趣。”我又问：“她玩些什么呢？”他说：“什么都行， 只要不学东西。”我们的对话让我觉得了解孩子的兴趣很重要。很多时候我们想让小孩子按照我们的意愿去学习，我们决定他们学什么、怎么学，往往忘记了孩子有自己的喜好。如果与他们的喜好背道而驰，结果就得到他们的抵触情绪。

了解孩子的爱好和兴趣，才可以创造玩中学的机会和环境。虽然我尝试教三个孩子诗歌，但我不会强迫他们学。相比之下，鸿鸿对歌曲音乐更感兴趣。他经常拿着枕头、小铲子之类的东西，站在高处，假装唱歌、弹吉他。泽泽对古诗古典故事的兴趣非常浓厚。最先，我给他读后羿射日的故事。我读的时候，鼓励他注意数字，比如说，天上有多少个太阳？后来后羿射掉了几个？他说10个，用手指算了一下说，射掉了9个，还有1个。当然，最大的收获是他从这个故事里学会了说“弓”和“箭”，并对弓箭产生了浓厚的兴趣。后来再看其他中英文图书和玩玩具的时候，他会有意识地寻找图书和玩具上是否有弓箭。

我的一个中国学生送给我一本绘画版的《唐诗三百首》，里面有很多古代将军穿盔甲、佩带宝剑、拉弓射箭、披红披风的战场画面的插图。泽泽爱不释手。他说长大了他要当将军，缠着我要我读给他听。里面有很多新词，比如匈奴、单于、营帐、鼓鼙、长城、烽火，我都形象地跟他解释，我还放《长城》纪录片给他看，他懂了之后，给他读几遍，他自己就会了。不仅如此，他自己还按韵律边玩边念叨一些诗句。我问他念的什么意思，他说关于打仗的。2013年圣诞节，他说他要将军的披风作为礼物。为了培养他的兴趣，我们给他买了一个红披风，他的姑姑给他买了一套玩具弓箭。这两样礼物让他对古诗和古典故事的兴趣更加浓厚。

有了披风和弓箭，他就和鸿鸿、绮绮玩打仗的游戏。泽泽说：“我看见烽火了，敌人来了！鸿鸿、绮绮，打仗了!” 因为泽泽是将军，他发号施令，鸿鸿、绮绮是他的士兵。我们也给鸿鸿买了一个绿色的披风，让他也体会当将军的滋味。这时，绮绮、泽泽当他的士兵。我们家还有一个小木马棍的玩具，他们会骑着木马，来来回回地打仗。泽泽偶尔会念一些诗句，久了，鸿鸿也学会一些。 有一天玩完了，鸿鸿跑到我身边小声说“骝马新跨白玉鞍”。看到我吃惊的样子，他“咯咯”地笑着跑开了。

这些游戏除了增进他们对诗的兴趣外，也促进了他们的想象力。泽泽不停地用皮带、绳子给自己做腰带，用报纸卷起来做宝剑的剑鞘，他还试着用报纸制作宝剑，挂在腰间。有一次，他们发现我用来做冰棍的把手很像宝剑，于是他们就拿着“宝剑”玩打仗的游戏。

因为泽泽喜欢古代战争的故事，除了关于战争的诗歌，我也给他们读一些成语故事和中国古代的励志故事，比如李广将军、岳飞、诸葛亮草船借箭、七擒孟获、韩信声东击西等故事。在读李广将军勇退匈奴的故事时，泽泽和鸿鸿学会了“足智多谋”的意思。后来，他们要是用不同的办法解决了问题，马上会说：“妈妈，我很足智多谋，就像李广一样！”在读岳飞的时候，我讲了岳母刺字的故事，他们学会了“精忠报国”。有一天，泽泽说：“我长大了，要为中国而战！”他们从3岁一直到现在，对打仗的故事热情不减，现在小绮绮3岁了，也很高兴地加入他们的游戏。泽泽4岁的时候，得到绘画本《三国演义》。他又是爱不释手，让我读了一遍又一遍。他对刘备、张飞、关羽、曹操、诸葛亮、周瑜、马谡、赵云等主要人物都很熟悉。

其实他们的兴趣不仅来自中文书和故事。我们也用英文书和多元文化故事激发他们的兴趣。比如，我们让他们看好莱坞英文动画片《花木兰》。因为他们已经有了很多关于打仗的知识背景，这部电影他们很容易懂，他们看完后，自发地扮演单于、花木兰、李翔等角色。有时也拉着我和大牛加入。他们的奶奶还给绮绮买了花木兰玩偶和其他四个公主。除了花木兰的故事，因为知道他们喜欢弓箭，我们特意借了一本叫《射向太阳的箭》（*Arrow to the Sun*）的印第安人的神话故事书，讲的是太阳神的孩子找爸爸太阳成为英雄。孩子们非常喜欢这本书。除此之外，他们对超人、蜘蛛侠等故事也非常有兴趣。他们读了好几本蜘蛛侠的故事书，特别是《超凡蜘蛛侠》（*Marvel the Amazing Spider-man*），绮绮能倒背如流。有一段时间，三个人天天要读这本书。还有超人的故事，他们也是爱不释手。我表妹送了他们一个大的玩具超人，他们经常带着超人一起玩拯救灾难的游戏。因为泽泽经常穿着他的红披风上学，他有时是超人，有时是将军。一个同学的爸爸（美国白人）观察到他的披风，听到他说将军的事，但是没明白，就问我。我跟他说了泽泽的双文化兴趣，告诉他泽泽穿上红披风可以是超人，也可以是战无不胜的将军。同学的爸爸觉得非常有趣，也很欣赏这样的双文化结合。

可能有家长会说，你会汉语，能给孩子念很多书，文化解释也很到位。可是，我家没人会讲英文，即使会，也是磕磕绊绊，发音也不标准，怎么办呢？我想，在如今这个网络发达、全球一体化的时代，只要做个有心人，什么资源、什么人都能找到，关键是家长有心，肯花心思。

4. 鸿鸿学中文：音乐的作用

虽然泽泽对关于古代战争的诗歌以及射箭的兴趣对鸿鸿有一些带动作用，但是在三个孩子中，鸿鸿对说中文、学中文的兴趣最低，时常很害羞，所以有时即使会说，也不愿意说。

为了鼓励鸿鸿，我们一般不强迫，而是结合他喜欢唱歌表演的兴趣，慢慢培养。比如，鸿鸿两三岁的时候和泽泽一样对孙悟空的故事感兴趣，我从网上买了许多双语书，《美猴王》系列成为泽泽和鸿鸿的最爱，有一段时间他们每人抱着一本《美猴王》的书睡觉。鸿鸿经常让爸爸用英文读给他听，然后又让我用中文读给他听。但是我发现这些书有的地方太难，又很长。后来我发现他对唱歌很感兴趣，于是就穿插一些我知道的简单歌曲和歌谣。比如我们读书的时候，我会念歌谣：

唐僧骑马咚那个咚/后面跟着孙悟空/孙悟空跑得快/后面跟着个猪八戒/猪八戒鼻子长/后面跟着沙和尚/沙和尚挑着担/后面跟着个老巫婆。

鸿鸿觉得很有趣，因为他喜欢押韵的句子。给他看书的时候念几次，他就知道了《西游记》里师徒四人的名字了。再读《孙悟空大战红孩儿》的时候，里面有情节，猪八戒去请观音帮忙，很害怕， 一路唱歌。书里插图是猪八戒站在山头，要掉下去，还一边唱歌给自己壮胆，他们觉得很好笑。每次读到这里，我就插入我修改过的歌曲：“猴哥猴哥你真了不得，你牵着马，他挑着担，我拿着钉耙， 向西出发……”开始鸿鸿只是听着，不停地要我再唱，我唱了几遍后，他慢慢也学会了。有一次，我读到这一页，鸿鸿跑到他的小床上，拿着一个玩具耙子，学着猪八戒的样子唱歌。为了加深他们的理解，我们让他们看几集《西游记》的动画片，让孙悟空大战红孩儿的故事更加生动。鸿鸿很喜欢动画片的主题曲。后来在车上听音乐，有个唐僧主题歌，他一听就说是孙悟空、唐僧的歌。

音乐让鸿鸿对很多故事有了兴趣，总是要我再读给他听。 比如说，我从图书馆借来了一本《日月潭的传说》的绘本书，讲的是中国台湾日月潭及大尖山和水社山的来历。有一对年轻的渔民夫妻，男的叫大尖哥，女的叫水社妹。有一个白天他们打鱼时，太阳突然不见了，月亮也不见了。于是，夫妻俩一起去找太阳和月亮，后来得知太阳和月亮被公恶龙和母恶龙在大潭里当玩具玩。夫妻俩战胜了恶龙，而且为了使太阳和月亮永照人间，他们变成了两座大山。后来，人们把太阳和月亮落难的潭叫日月潭，把日月潭两边的大山叫大尖山和水社山。当读到人们唱歌跳舞庆祝胜利的那页， 我插入了《阿里山的姑娘》的歌曲， 告诉他这首歌是关于这旁边的阿里山的：

高山青，涧水蓝。阿里山的姑娘美如水呀，阿里山的少年壮如山唉。

高山长青，涧水长蓝。姑娘和那少年永不分呀，碧水常围着青山转唉。

啊，啊，啊，唉，唉，唉。

除了我自己唱，有时我还让他们在网上听歌手唱，这样故事就有趣了，鸿鸿就很喜欢读中文故事了。后来每天晚上，与妈妈一起的“特殊时间”，他都要求我给他读中文故事。

学外语一定要摸准孩子的兴趣点，依着他们的兴趣，如果我强迫鸿鸿背唐诗宋词，读中文故事书，他肯定不喜欢，然后是逆反、逃避，甚至在我讲中文时，他的耳朵会自动屏蔽。

5. 双语主题选书

了解了孩子们的兴趣后，爸爸妈妈可以根据他们的兴趣爱好去选中英文书，选玩具，或者是互联网双语资料。这样，不仅顺应孩子们的兴趣，也有机会让孩子们把不同的故事联系起来，增强他们对故事的再认知，从而提高他们的理解能力以及多元看世界的视角。

我们的孩子从小就喜欢大野狼，对任何与狼有关的故事都很感兴趣，最爱《小红帽》《小兔乖乖》和《三只小猪》。我们给孩子们读了很多关于大野狼的故事，也让他们听网络诸如YOUTUBE上的故事，听CD上的歌，唱关于大野狼的歌。比如“小兔乖乖”的故事和歌，他们演唱过、表演过：“小孩子乖乖，把门开开，快点开开，我要进来。不开不开，你是大野狼。”我们给他们读过《三只小猪》和《小红帽》各种不同的中英文版本，还在网上看过动画。

在这些经典故事里，大野狼都是坏狼。为了培养孩子的多元思维，我们还借了一些大野狼不是坏狼的书，比如《温斯顿吃书狼》（*Winston the Book Wolf*）是一本幽默的故事书，讲的是一只狼不喜欢吃肉，但喜欢吃单词和书本。后来一个小女孩教他认字读书，他就不再吃书了。另一本是《大野狼是好狼》（*Big Bad Wolf Is Good*），讲的是一只大野狼发现自己没有朋友，很孤独，决定做好事，做一只好狼。他救了一只迷路的小鸭，遭到鸭妈妈和其他动物的误解，后来他们发现大野狼真的救了小鸭，就接受他为朋友。还有一本英文经典《狼先生，现在是什么时间？》（*What's the time, Mr. Wolf？*）讲的是狼先生在生日那天，没有收到礼物贺卡，只好自己去买蛋糕，准备独自庆生，可是一群动物一整天都在给狼先生准备一个大生日晚会，给他惊喜。还有中文的《大野狼和三只小猪的化装舞会》，讲的是一只大野狼想吃三只小猪，结果误闯到他们的化装舞会，发现自己很喜欢和其他动物一起玩。三只小猪发现他是真的大野狼，慌乱中，大野狼受伤了，小猪们照顾他，他们就成了好朋友。

除了大野狼外，他们也很喜欢海盗的故事， 所以我们还给他们借了一些英文的海盗系列。

选书也跟平时的节日联系在一起。比如，过万圣节的时候，我们给他们读一些关于万圣节的故事，他们最喜欢的有《小青蛙的万圣节》（*Froggy's Halloween*）、《我们去捉鬼》（*We're Going on a Ghost Hunt*）。

过圣诞节的时候，我们给他们读一些关于圣诞节的经典故事，特别是关于圣诞老人的故事。过中国春节的时候，我们给他们读关于中国新年的故事。因为没有中文的，我们读的都是英文的中国新年的故事，如*The Runaway Wok, Bringing in the New Year, A New Year's Reunion*。这样他们既学了英文，又了解到中国新年的习俗。

他们对孙悟空的故事感兴趣，我们给他们买了双语版的《西游记系列》，如《美猴王大闹天宫》（*Monkey King Wreaks Havoc In Heaven*），《美猴王大战红孩儿》（*Monkey King Defeats Red Boy*）。这样爸爸可以给他们读英文的，妈妈可以给他们读中文的。他们在听这些故事的时候，就会知道好和坏的相对性、友情的力量、包容和理解等概念。这些系列故事开拓了孩子们的思维、想象力，可以达到比较好的德育效果。我们给他们读中、英文版的《西游记》的故事时，也给他们读了英文版的《儿童圣经故事》（*Children's Bible Stories*）。 因为唐僧是师傅，有几个徒弟跟着，这与耶稣和他的信徒很相似。孩子们自然而然做起了比较。有一天泽泽和鸿鸿说，耶稣与唐僧比起来，他们更喜欢唐僧。我问："为什么？你们觉得唐僧比耶稣更能干？"他们告诉我，耶稣也很能干，但是他有神奇力量（Magic Power），唐僧没有神奇力量，但是很有智慧，又很善良。他们还说，孙悟空和唐僧相比，他们更喜欢唐僧。这也让我很惊讶，我以为小男孩都会喜欢调皮但是勇敢的孙悟空。但是，他们却选择了唐僧。他们认为唐僧不打人、不生气就能解决问题，而孙悟空没什么好，老打人，很暴力。这些故事让他们很热爱唐僧，而且对唐僧的袈裟很感兴趣，也是这些书，让他们学会了"袈裟"这个词及用途。他们学着唐僧的样子，爱穿袈裟，但是家里没有袈裟颜色的布。我很想给他们买件袈裟或者相似的布，但是很难买到。他们就将小时候我们包他们的大毛巾裹在身上，如果整片布朝前，他们就是唐僧，如果布朝后，他们就是超人。我还教他们唐僧的手势，并口中念念有词"阿弥陀佛，善哉善哉"。

2014年的夏天，正是足球世界杯的季节。孩子们对足球很感兴趣。世界杯开始之前，他们到图书馆，告诉图书馆管理员他们要看关于足球的书，管理员就帮他们找到一大堆关于足球的书，有踢足球的故事书，也有专门介绍足球的。他们最喜欢的是《本恩斯坦熊踢足球》，还有专门介绍足球的绘本，他们学会了足球鞋、射门、守门员、每队多少球员等关于足球的知识。后来看世界杯的时候，他们就已经学会用这些词汇了。

以孩子们喜欢的主题选择中英文书，既顺应了他们的兴趣，又习得了双语，开阔了多元视角，进行了品德教育，真是一举多得！

6. 孩子们喜欢夸张幽默的故事

除了主题选书外，我发现幽默夸张的故事也很吸引他们。他们一两岁的时候，开始对尿尿和拉大便有意识。这个时候，我们给他们买了莱斯利·帕特里切利（Leslie Patricelli）的《拉臭臭》（*Potty*）的书，讲的是一个小孩试图拉臭臭的故事，很幽默，而且形容拉臭臭的语言（Tinkle, Tinkle, Toot, I did it! 霆，霆，嗵，我做到了！），朗朗上口，我们三个孩子都很喜欢。后来每次自己上厕所的时候，他们也学着说“我做到了！（I did it!）”

从一两岁开始，我的孩子们就很喜欢理查德·斯凯瑞（Richard Scarry）的丛书，如*Favorite Storybook Ever, What Do People Do All Day*。因为里面的故事、人物和图画都很夸张幽默，让人耳目一新，而且孩子们一看就懂。比如，修理工先生不会修东西，车子也充满了情趣，有黄瓜样的，还有番茄样的。

后来我们每次借书、买书，只要有戏剧性夸张的书，他们都很喜欢。比如《龙喜欢吃墨西哥玉米卷》（*Dragons Love Tacos*）。这是个很有趣的故事，龙喜欢吃墨西哥玉米卷，但是不能吃辣的。如果他们吃辣的，就会吐出火，把房子烧毁。孩子们不仅学会了关于墨西哥食品的单词“炸玉米卷”，而且还学会了一些蔬菜的单词，比如日本胡椒、莴苣、西红柿等，还学会了“邀请”这样的词。后来在客厅里玩做饭的游戏，鸿鸿忙着做玉米卷，泽泽则趴在桌上画画、“写”东西。他把一张大纸撕成几个小片，每片上画一些画。我问泽泽：“你在干什么呀？”泽泽很严肃地告诉我：“我在做邀请卡！”还有一本书叫《脏女孩哥特》（*Dirty Gert*），是讲有个女孩叫哥特，她喜欢在泥里面玩虫子，最后长成了泥里的一棵树。我女儿很喜欢这本书，当她也喜欢在泥里玩虫子的时候，感同身受。还有一本无字书《晚安，大猩猩》（*Good Night, Guerrilla*），讲的是一天晚上，动物园里的大猩猩从管理员那里偷了钥匙，放出了所有关在笼子里的动物。动物们跟着管理员来到他家，睡到他的房子里，大猩猩和小老鼠睡在管理员的床上，可是动物管理员完全不知道动物们跟他回家，还睡到他的床上。故事很幽默，孩子们都爱看。还有一本关于一个没有礼貌的女孩的书叫《看住你的舌头，西西里·比系里》（*Watch Your Tongue: Cecily Beasiley*）。西西里·比系里是个没礼貌的小姑娘，从不说“请、谢谢、晚安”。当她在生日聚会上对她的朋友讲粗话的时候，一只蓝色的鸟儿在她的舌头上筑巢，从那之后，她知道要有礼貌了。孩子觉得小鸟在舌头上筑巢很有趣，他们很小的时候我就给他们读过，到现在他们都记得。再大一点，他们很喜欢阿米莉亚·布迪莉娅（Amelia Bedelia）系列的书，讲的是一个家庭保姆经常因为错误理解同音词、多义词和俗语而闹出各种笑话的故事。

夸张、幽默的故事符合童心，是很多孩子的最爱。家长购书、借书的时候，不要以自己的喜好来挑书。孩子喜欢的才是最好的。

7. 理解能力比认字能力更重要

孩子两岁多的时候，有中国的爸爸妈妈问我，你们孩子会认字了吗？能认多少字？我很不好意思地说，我们孩子还不会认字，而且我们不强调这个时候让他们认字。我们更注重的是他们的理解能力。幼儿这个时候对世界的认知很具体，很多抽象的概念还不很理解。读书听故事是为了鼓励孩子问问题，与孩子互动交流是为了帮助他们增强理解能力。儿子在两三岁的时候，总是问为什么，我们总是很耐心地解释，更多时候，我们让他们自己回答自己的问题，我们只是提示，这样他们就更理解自己所读的故事了。

儿子们3岁多的时候，我给他们读与太阳月亮有关的中国神话故事，比如《夸父追日》《后羿射日》《嫦娥奔月》。他们很喜欢这些故事，也对故事里的一些神话情节很好奇。比如，我和泽泽一起读《夸父追日》。他问：“夸父怎么死的？追不上太阳为什么会死呢？”

“他一直不停地追太阳，太累了。”

“为什么会累呢？”

“就像你不睡觉不吃饭，会很累的。”

“他没有家吗？”

“他在追太阳，所以没有家。”

“那他吃什么？”

“你说呢？”

“果果。”

“他有比萨吃吗？有肉肉吃吗？”

“没有比萨，没有肉肉。那就吃西瓜、梨子啊”。

“只吃西瓜、梨子行吗？”

“会很饿的。”他想了想，记起了后羿射日的故事。“我们要不要和夸父一起去追日？我长大了就用弓箭把太阳射下来，帮助夸父。”

“没太阳了，天黑怎么办呢？能不能想其他的办法帮后羿？”

“他到我们家来睡觉？”

“后羿到我们家来住？”

“我家房子大呀，他们都可以来，让夸父休息一下。”

很显然，泽泽已经把后羿与夸父的故事联系在一起，而且很有想法。这样孩子对两个故事都有很深的理解，也激发记忆力和想象力以及对故事的再认知。

又比如，我给他们读了《萝卜回来了》，讲的是小兔捡到两只胡萝卜，把大的送给小猴，小猴送给小羊，小羊又送给小兔。我读的时候，鼓励他们把这个故事与孔融让梨联系起来。

我说：“小兔是不是很像孔融？孔融会给小猴送大的，还是小的？”

鸿鸿、泽泽：“大的。”

我："如果是你呢？你给大的，还是小的？"

泽泽："大的。"

鸿鸿想了一下说："嗯，小的。"（因为鸿鸿爱吃）

我们再给他们读英文版的《蜘蛛侠》。彼得·帕克（Peter Parker）为了赚钱，在电视台里听到有人喊抓贼时，没有拦住罪犯，后来，这个罪犯杀死了他的叔叔。当我读到彼得在电视台的时候，我问孩子们："他为什么没有去帮忙抓贼？"绮绮回答说："他只想着自己！"鸿鸿看着书上彼得数钱的画面说："他只顾着数钱，不帮忙。"泽泽说："他真的应该帮忙，因为这人后来把他的叔叔杀了。"故事结束的时候，彼得决定听叔叔的话："有能力，就有责任。"我问他们："是什么样的责任呢？"鸿鸿说："救有危险的人。"绮绮说："打退章鱼人（另一个蜘蛛侠的故事）。" 泽泽说："打坏人！他和超人是一样的，要打好多坏人。"

无论是学语言还是读故事，都不仅仅为了学知识，而是通过对故事的理解，让孩子明辨是非，培养良好的品德和做好人的能力。

8. 孩子们当双语故事的主人公

孩子们很喜欢故事，所以除了读故事书外，吃饭的时候，特别是到外面餐厅吃饭的时候，还有睡觉前，我们就给他们编故事，这样可以让他们很专注，也可以让他们安静下来，一举多得。一般，我们让他们做故事的主人翁。有时候，我们讲的故事往往是他们白天做过的事情，比如，去了动物园、公园、图书馆和商场。我常以这样的形式用中文开头（爸爸用英文）：

从前有个爸爸和一个妈妈，他们有三个小孩，一个叫鸿鸿，一个叫泽泽，一个叫绮绮。 有一天， 爸爸妈妈说："我们今天去动物园吧。”鸿鸿说：“太好了，我最喜欢去动物园。”泽泽说：“我最爱看动物园里的长颈鹿了。”绮绮也很喜欢。到了动物园，鸿鸿看到了猴子（有的时候我让他们填看到的东西）。泽泽看到了______（泽泽说“大犀牛”）。绮绮看到了______（绮绮说“老虎”）。他们还喂青菜给长颈鹿吃呢。

有时候我们用孩子们的名字复述他们最爱听的经典故事，如《狼来了》。

从前有个爸爸和一个妈妈，他们有三个小孩，一个叫鸿鸿，一个叫泽泽，一个叫绮绮。有一天，爸爸妈妈说：“鸿鸿，去放羊吧。”鸿鸿把羊赶到山上，觉得很没意思，就想了个捉弄大家寻开心的主意。他大声喊：“狼来了！狼来了！救命啊！”村民们听到喊声，急忙拿着锄头和棍子往山上跑，他们跑到到山上一看，连狼的影子也没有！鸿鸿哈哈大笑：“真有意思，你们上当了！”农夫们生气地走了。鸿鸿摸着肚子大笑起来：“哈哈哈，根本就没有狼。”

第二天，爸爸妈妈说：“泽泽，你去放羊吧。”泽泽把羊赶到山上，觉得很没意思，就想了个捉弄大家寻开心的主意。他大声喊：“狼来了！狼来了！救命啊！”村民们听到喊声急忙拿着锄头和棍子往山上跑，他们跑到到山上一看，连狼的影子也没有！泽泽哈哈大笑：“真有意思，你们上当了！”农夫们生气地走了。泽泽摸着肚子大笑起来：“哈哈哈，根本就没有狼。”

第三天，爸爸妈妈说：“鸿鸿、泽泽，你们带着绮绮妹妹去放羊吧。”鸿鸿、泽泽和绮绮把羊赶到山上。可是狼真的来了，一下子闯进了羊群。鸿鸿、泽泽拉着绮绮妹妹跑下山喊：“狼来了！狼来了！快救命呀！狼真的来了！”村民们听到他们的喊声，以为他们又在说谎，大家都不理睬他们，没有人去帮他们，结果他们的许多羊都被狼咬死了。

讲完了，我问他们："所以呢，我们能说谎吗？"他们都说："不能说谎！"

我把《狼来了》进行了改编，把孩子们的名字放进去，他们听得特别有趣，似乎他们真的遇到了"狼来了"这样的事情。并且，通过故事，教育孩子们不能说谎。

泽泽喜欢打仗的故事，我就给他们讲泽泽将军、鸿鸿将军还有绮绮将军一起运用兵法，打败敌人的故事。吃饭的时候，洗澡的时候，他们都要求讲泽泽将军带兵打仗的故事。我有时也会让他们建议想听什么。比如，泽泽说："我要听打仗，声东击西的故事。"或者他说："妈妈，今天讲万箭齐发的故事吧。"得到他的建议，我就开始改编一些我们都知道的《三国演义》或者李广、岳飞的故事。一般故事这样开头：

从前有个泽泽将军，他英勇善战，足智多谋。他有一个哥哥叫鸿鸿将军，妹妹叫绮绮将军。泽泽将军喜欢红色，所以穿着盔甲，披着红披风。鸿鸿喜欢绿色，所以披着绿披风。绮绮呢，（他们马上就补上句子说"绮绮喜欢粉红色"）披着粉红色的披风！

有一天，泽泽将军带着一小队人马行进在一个山谷里，突然有探马来报："前面有敌人！"泽泽将军临危不乱，说："不用怕，我有办法，我们来个声东击西！"他派鸿鸿将军去东边，擒鼓呐喊，假装进攻。敌人害怕了，跑到东边去打。泽泽将军就和绮绮将军从西边突袭，大败敌人。敌人的首领和残兵都被抓住了，都投降了。泽泽将军以少胜多，打赢了。

有时我还穿插我们读过的诗，比如：汉将归来虏塞空，旌旗初下玉关东。高蹄战马三千匹，落日平原秋草中。

除了我用中文讲故事外，孩子们也很喜欢爸爸用英文讲故事。在爸爸的故事里，他们三个都成了小国王，有时和超人一起去救援有危险的人，有时和他们自己想象的一个角色，比如“水人”去探险，有时是和不谙世事的小傻人（Silly Nincompoop）去解决问题。就像我讲中文故事一样，他们自己建议故事情节，和爸爸一起编故事。这几乎成了他们每顿晚餐的必备节目。比如我们吃饭的时候，他们经常会要求爸爸讲三个小国王的故事，爸爸会讲：

从前有三个小国王，名字叫Patrick国王、Francis 国王和 Amanda国王。有一天，他们朝小傻瓜家的方向散步。他们看到小傻瓜在他家的院子前，拿着一个长梯子。三个小国王问小傻瓜：“你拿着梯子干什么？”

小傻瓜说：“我要去爬山， 而且不是任何一座山，是喜马拉雅山，世界上最高的山！”

三个小国王说：“哇，太棒了，你准备怎么爬？”

小傻瓜说：“很简单，我拿着这个梯子，靠在山边， 就可以爬上去了！”

爸爸这个时候问：“三个小国王说什么呢？”

小国王Francis说：“小傻瓜，不行的。那山太高了。梯子够不着山顶的！”

小国王Patrick说：“对啊，爬那么高的山你需要带绳子和氧气。”

小国王Amanda说：“还要带帐篷，冷的时候用。”

小傻瓜说：“瞎说！ 爬喜马拉雅山只需要梯子。每个人都知道!”

小国王Patrick说：“你如果不相信我们的话，可以去登山的商店，去问一下店员爬喜马拉雅山需要什么。”

小傻瓜说：“好吧！如果让你们高兴的话，我就去问。不过他会说爬喜马拉雅山只需要梯子！”

登山商店的店员看到三个小国王和小傻瓜，摸摸他的胡子说：“我能为你们做什么呢，小朋友们？”

小傻瓜说：“我要去登山。我要去爬喜马拉雅山。我有梯子。你可以告诉这三个国王我只需要梯子！”

店员笑着说:“喜马拉雅山太大，太危险了。只有最有经验的专业攀登者才可以。他们可需要比梯子多得多的东西。 他们需要绳子、氧气和帐篷。”

三个小国王说：“是这样吧！”

店员接着说：“爬高山不是给小孩子玩的游戏。你们为什么不去爬一个小山，像光顶小山（Baldly Top Hill）？你可以一天来回。山上风景很好。你不需要绳子和氧气罐或者梯子。”

爸爸适时问：“三个小国王去爬光顶小山需要什么？”

三个人抢着回答，“鞋子！”“零食！午餐！”“可以依偎的玩具和朋友！”

于是三个小国王和小傻瓜在背包里装好他们所需要的东西，包括水和食物,开始去爬山了。山上景色很美。爬完了，他们回到家的时候很累。他们吃完饭，洗完澡，就直接睡觉了。 睡觉的时候，他们都做了去爬喜马拉雅山的好梦。

让孩子建议家长编故事，并让孩子当故事的主角，他们很有兴趣，对语言运用和想象力的培养都很有帮助。

9. 因地制宜的双语游戏

对0—5岁的孩子来说，学语言不能刻板地死记硬背，要让他们在玩中学。爸爸妈妈可以创造一些因地制宜的语言游戏，增强学习的趣味性。比如在车里，我设计了一些语言游戏，其中有个游戏是背诵中国古典诗词。孩子们常随我一起购物，路上遇到红灯是常有的事。为了调动他们学习唐诗的兴趣，我想了个办法，当遇到红灯的时候，我要他们说：“1、2、3 开始。”由于有了这样铺垫，他们很感兴趣。后来，每当看到红灯亮了，就开始背诗歌。泽泽活泼，反应快。每次看到红灯，他就把自己知道的唐诗“倒”出来，他很有成就感，越来越喜欢中文诗歌了。鸿鸿内向虽然不一定抢得过泽泽，但他心里都清楚。我有时会让鸿鸿单独背诵，让他也有被重视的感觉。

碰到刚学过的新诗，我的方法是让孩子们填空。我首先背整首诗，让他们听。然后，我再背，但是，每一句的最后两个字留下来，让他们抢答。接着，我留下更多的字，直至最后，他们能填所有的字，也就是能背诵整首诗了。我们有亲戚朋友从国内带来的儿童诗词，配有插画，孩子很喜欢看画，而且很多诗词他们在家也学过，因此，在车里用游戏的方式复习，他们很快就掌握得很好了。

因为两岁多的绮绮还不会背诗，诗歌也不是鸿鸿的强项，所以有时候我会想一些他们都能积极参与的游戏，比如（I spy...我侦察到了……）的游戏（我们有时用中文，有时用英文），比如谁最先看到红色/绿色/蓝色/白色的车，就喊：“红色的车车，我赢了！”他们厌倦了这个游戏，我们就让他们找其他有趣的东西，这样他们既可以观察周边环境，又可以有用语言表达的机会。车里的学习既有效利用了时间，也使路上这段无聊的时间变得有趣。开始他们只说一个东西，后来语言越来越丰富，能说出一连串句子，比如，鸿鸿会用英文说：“我看到了很多树，四辆汽车，一辆火车……”泽泽和绮绮也抢着说自己看到的事物。

到公园荡秋千是女儿绮绮非常喜欢的游戏。绮绮坐在秋千上，我问：“准备好了吗？”

绮绮欢快地答道：“准备好了，开始！”

荡一会，我就会让秋千停下来，重新开始新一轮对话：“准备好了吗？”

“准备好了。开始！”

这样，“准备”这个词在游戏中被重复了很多遍。

在家里，我讲《陷阱》这个儿童故事，有一个老狼掉进猎人的陷阱里。孩子们问陷阱是什么？为了让他们明白“陷阱”是什么意思，我把毛毯放在地上，让泽泽掉下去，我用围巾裹住他，让他明白这是妈妈的陷阱。那天，他们自己开始玩陷阱的游戏。一个人做陷阱，另一个人逃跑，可是掉进陷阱被抓住了。跑的人一边跑一边喊：“我逃跑了！”抓住的人说：“你掉进陷阱了，你被抓住了！”

儿童在成长过程中，会遇到一些复杂的词，不常用或者是抽象的，这时就要因地制宜，运用儿童能接受的教育方法。其实，无论学母语还是学外语，从语言本身来讲，其方法论是共通的。还有一天，我教孩子们念儿歌《小蝴蝶》：“小蝴蝶真漂亮/穿着花衣裳/姐姐追你莫慌张。”接着做游戏，孩子们是蝴蝶，我扮姐姐。追着追着，泽泽问：“衣裳是什么？”我：“就是衣服。”鸿鸿：“慌张是什么？”我一下子不知道如何用浅显的语言来解释，就表现出“慌张”的样子，孩子们都明白了，并且，他们都学我表现出更具童趣的“慌张”模样。

同样的方法我们也用在学英文上。比如他们看《丛林书》（*Jungle Book*），小猴子们被眼镜蛇用了催眠术迷住了（Mesmerized）。泽泽问：“Mesmerize 是什么意思？”我们就做出被催眠术迷住的样子，同时告诉他这个词的意思。他们懂了这个词后，爸爸还会问：“那Mesmerize 和Memorize（记住）是一个意思吗？”他们说不知道。爸爸就让他们背诵他们都会的26个字母，然后说：“啊，你们已经记住（Memorized）字母表了！”这样以游戏的方式，他们很快就学会了这两个很难的单词。

3岁的女儿在学校了解了水从陆地到空中再到陆地河流的循环过程，回来跟我讲整个水循环的知识。她说学到了“Condensation”

（水冷凝结露）的过程，但是有时又说成“Conversation”（谈话）。我就跟她说：我们现在是“Conversation”（谈话），然后从冰箱里拿出牛奶瓶，让她摸摸瓶子上的水，告诉她还有两个儿子：这是“Condensation”（水冷凝结露）。这样他们就知道这两个词的意义，也有了触摸的真实感受。好奇的儿子马上追问水冷凝结露是怎么产生的，爸爸就给他们解释说：“热空气里有很多水分，热空气升到空中遇到冷空气就冷却，释放出很多水分就冷凝结露。牛奶瓶放在冰箱里是冷的，拿出来就碰到了热空气，就有冷凝结露了！”

这些因地制宜的游戏使孩子们不知不觉地学会了很多难字难句。

10. 妈妈和宝宝互换角色

为了对孩子进行双语教育，我们采取的办法是爸爸、妈妈轮流值班。

轮到我值班，两岁的绮绮本来准备睡觉了，一看见我进来，赶紧拿起中文书，让我讲故事。

我说：“宝宝要睡觉了。”

绮绮说：“宝宝不要睡。”

女儿大大的眼睛一转，说：“妈妈，你来当宝宝，我来当妈妈，怎么样？我来给你念书。”

我眼睛一亮：“好啊！”

绮绮拿起中文彩绘本，像模像样地指着月亮的图片说：“天上有个月亮。”又念了些图片，把书给我，说：“我累了，宝宝读。”她说的宝宝就是我。

我说：“我要喝牛奶。”

绮绮说：“宝宝读书不能吃东西。”

绮绮当妈妈当得很像，引得我哈哈大笑。

我拍拍绮绮的小脸说："宝宝累了，要睡觉了。妈妈你也睡觉吧。"

绮绮义不容辞担当了妈妈的职责，通情达理地说："宝宝去睡吧。晚安！"

绮绮很喜欢扮演大人的角色读书。通常是把她喜欢的中英文书都背得滚瓜烂熟了，她就很有信心地"读"给我听。有时卡壳了，她就很聪明地说："现在轮到宝宝念了！"

角色扮演是孩子十分喜爱的游戏，但是，当孩子在临睡前提出玩游戏的时候，大多数家长不太愿意，他们怕孩子"疯"过之后，不能好好睡觉。但是，我既满足了孩子的需求，又顺水推舟引导孩子睡觉。一切是那样浑然天成，似乎是睡前的一段甜蜜的小夜曲。

11. 生活情景中学语言

幼儿语言学习不能死记硬背，要和生活相结合，让他们了解学习的真实意义。比如儿子们3岁左右的一天，他们坐在小桌前吃水果，一边吃，我一边读一个挂图上的歌谣"排排坐/吃水果/你一个/我一个/妹妹不在留一个"。第一次，我按部就班地照着歌谣读。读完了，小绮绮在旁边大惑不解地说："我在这儿呢。"两个哥哥也不理解地说："妹妹在呀！"于是我改成"奶奶不在留一个"，或者别的如"叔叔不在留一个""舅舅不在留一个"。他们就跟着讲，谁不在，给谁留一个。

过了几天，爸爸带着鸿鸿和绮绮出去了，我和泽泽一起吃葡萄，泽泽说："你一个我一个，爸爸不在留一个，妹妹不在留一个，鸿鸿不在留一个。"后来，小绮绮也学会了。一天晚上，我和她一起吃苹果。我给她一块，给我自己一块。她说："我喜欢吃苹果！你一块，我一块！爸爸不在，哥哥们不在留一块！"我说："那留一块够吗？"她伸出小指头算了算，爸爸、鸿鸿、泽泽，她说："三块！"然后伸出三只手指。

唱《排排坐》的歌谣，妹妹明明在身边，我却叫孩子们唱“妹妹不在留一个”，作为学习歌谣，这是可以的，但是，孩子往往把儿歌世界与现实世界混淆，容不得半点“谎言”，所以，绮绮说“我在这儿呢”，哥哥说“妹妹在啊”。我立即把妹妹改成奶奶、叔叔、舅舅，这就与现实世界相吻合，又再创作了儿歌。而且，也是对孩子的美德熏陶，让他们惦记不在身边的亲人，记得给他们留一个果子。

汽车里经常放一首歌谣《爸爸的妈妈叫奶奶》。于是，孩子们学会了“奶奶”这个词。有一次，一家人骑自行车出去玩，孩子们看见一个白人老太太在拔草，妈妈说：“泽泽，你与奶奶说再见。”

鸿鸿唱道：“爸爸的妈妈叫奶奶”。

泽泽很奇怪地问：“这个拔草的奶奶难道是爸爸的妈妈吗？可是，爸爸的妈妈不是在佛罗里达吗？”

在学习“奶奶”这个词汇的时候，我没有讲解“奶奶”的两个含义——爸爸的妈妈或者年龄大的女性。孩子因为只知道其一，不知其二，因此，造成了困惑。在情景中解惑便是我此时最好的做法，也是孩子们学习新词最有效的手段。

除了这些情景学习，我们还利用社区活动教中文。比如有一次我们去参加一个苹果节，有给小孩画脸谱的。泽泽和鸿鸿都想画老虎。老外画师给他们画完后，我问他们要不要我帮他们在额头上画上“王”字，这样他们不仅仅是“老虎”，而是“野兽之王了”。他们很高兴地让我画上了，很兴奋地告诉老外他们是“野兽之王”的意思，这次之后，“王”字就深深地烙在他们的记忆里了。

学英文也是一样的。比如他们上厕所的时候，我们教他们关上门，让别人出去，告诉他们每个人需要“Privacy”（隐私），所以他们很小就会用这个词。每次上厕所的时候，他们会让我们出去，说，他们需要“隐私”。为了教会他们一些好的行为，学会分工合作，我教他们“Cooperate”（配合），后来，鸿鸿到邻居阿姨家玩，阿姨叫她家的狗狗听话，鸿鸿就对狗狗说要“配合”。回来后，他还有声有色地告诉我们他是怎样用好吃的东西让狗狗“配合”他。我们给他讲了生活中“Being flexible”（灵活）的好处，比如，如果大家都抢玩具，只要灵活一下，可以玩其他的玩具或者分享，大家就都很高兴了。学会这个词后，泽泽就经常用，如果哥哥妹妹抢东西，他会说：“我们灵活一下吧。”还有一次，我需要用一个工具，但是找不到，泽泽对我说：“妈妈，你就灵活一下，用别的吧。”

12. 家庭剧场

演故事是孩子们最爱的游戏之一。两三岁的时候是我们带着他们演，到了4岁多他们就自己演了。2013年暑假，孩子们对灰姑娘感兴趣。我们读了中英文版的灰姑娘的故事，又让他们在网站上看了部分英文视频。爸爸也用一本《灰姑娘迷你影院》的书给他们讲灰姑娘的故事。这个剧院式书里有灰姑娘、王子、后妈等的小人卡片和马车卡片以及舞会的场景。我和我先生经常应邀给他们讲灰姑娘的故事。

理解了故事后，他们开始用英文表演。有一次，我注意到鸿鸿问泽泽：“你能和我一起跳舞吗？”他们就手拉手在客厅里跳舞。一轮结束后，泽泽说他是王子，请鸿鸿扮演灰姑娘跳舞。于是他们两个就轮流扮演王子和灰姑娘，一直跳到累了为止。

图6-1　爸爸讲《灰姑娘迷你影院》

有一天，在浴缸里，泽泽要了几条小毛巾，用一小桶水，一直在擦浴缸。鸿鸿说："做完这些后，你还要擦窗子。"原来此时泽泽是灰姑娘，鸿鸿是后妈。有的时候，在浴缸里的那个不愿意出来，借口就是灰姑娘还没有完成清洁工作。

三个孩子在穿自己的鞋子去上学之前，他们会穿上我的一只凉鞋或拖鞋，说："现在是午夜，快跑，妈妈！"他们每一个人都穿上我不同的凉鞋，也要我试穿。

灰姑娘的英文戏演得越来越"庞大"了。一天早上，我们全家都参与了试穿鞋子的那场戏。孩子们又穿上我的一只凉鞋，并要我也穿上。泽泽抓住我的一只凉鞋，鸿鸿演后妈绊倒泽泽，弄破凉鞋， 做出受到了惊吓的样子。

爸爸扮演的是大公，他说："噢，不，国王，他说什么？他要做什么？"我演的是灰姑娘，沿着楼梯走下来，被要求试穿鞋子。我说："希望能行……"我停顿了一下，然后说："我还有另一只鞋。"绮绮扮演的是后妈生的姐姐，她试穿了，太大。然后，我——灰姑娘，穿上后非常合脚。

然后，我们轮流表演角色。比如，泽泽扮演大公，鸿鸿扮演后妈，绮绮扮演灰姑娘。

这类表演经常在我家上演。比如读完《狼来了》中文故事后，我们决定演出来。我和儿子们在读睡前故事的时候演过但没有爸爸和绮绮的参与。后来爸爸和绮绮也都参加了。鸿鸿当狼，泽泽当放羊娃，爸爸、妈妈和绮绮当村民。第一次泽泽喊"狼来了"的时候，当村民的爸爸学着用中文说："狼呢？狼在哪儿？"后来又学会了说："我不去，没有狼，你撒谎。"然后大家轮流来充当不同的角色。我们读了中英文《龟兔赛跑》，用双语表演，孩子们学会了比赛用的词汇和短语，比如"准备好了吗？开始！""预备，开始！""我赢啦""我第一啦"。他们有时也用英文演："Ready, set, go!"

角色扮演是孩子十分喜欢的活动，既学习了语言，了解了任务个性和心理活动，也培养了孩子的组织能力、表演能力。父母的积极参与，还促进了亲子关系，留下一段美好的童年记忆。

13. 游戏认字母和识字

对于0—5岁的孩子，我们更注重听说和理解能力的培养。而且，每个孩子的发展规律不一样，不要一味地强调早认字。有些孩子4岁就认字了，但是很多孩子到六七岁才会。其实从长远看，早几个月认字对孩子的学习没有太多优势。我个人是到了小学一年级开始认字的，没有觉得这对我后来的学习和我现在的工作有太多的影响。有些美国科学家到了七八岁才会认字，也后来居上，成为很有成就的人。

我们虽然没有强调认字和认字母，但是我们也在他们有兴趣的时候用游戏的方法教他们认字。 对于英文字母的认知，我们知道幼儿园里很重视，在家里只是辅助。 孩子们，特别是我女儿3岁不到，所有的英文字母都认识了。女儿的老师用每个孩子的名字来教他们不同的字母，这样孩子们不仅学会了字母，对每个人的名字也很熟悉了。比如，女儿每次看到字母，都会说，“A是Amanda 的A； J是Jacob的J；G是Guofang的G；W是William的W。”儿子3—4岁时， 他们的老师用的是字母拼读法（Phonics）。有一点不同的是，他们用一些卡片和字母模子，让孩子们可以在听音、读音的时候看到字母和摸到字母。他们可以用这些卡片模子自己组词和句子。儿子们4岁半的时候已经开始读音节了，对音节的组合开始有了意识。比如，泽泽会说：“妈妈，我给你带一个礼物，是/k/音开头的，你猜是什么？”他说的是他从学校给我带Cookie（饼干）。 又有一次他把他最喜欢的书包起来，暗示我是/b/音开头，让我猜他包的是什么。鸿鸿喜欢押韵，经常会想一些押韵的词或者句子给我们听。比如他考我说："妈妈，Bake, Cake, Fake是不是押韵呢？"这些说明他们已经有拼写的意识了。

在家里我们没有有意识地教，只是给他们读大量的书和在情境中教。孩子们一两岁的时候，就会认一些生活中常见的词，比如我们经常看到"STOP"的交通标志，他们很早就认得。两岁多的时候，我们经常去动物园，也看关于动物园的书，他们都认得"ZOO"（动物园）。除了在生活情境中教，这个年龄段的孩子需要大量的阅读。我们看到他们对字母感兴趣的时候，就让他们看关于字母的书，有几本是他们的最爱。一本书叫《字母之谜》（*Alphabet Mystery*），讲的是一个字母不见了，其他字母都去帮助寻找的故事。这本书让所有的字母都"活"了，孩子大开眼界，爱不释手。另一本是《动物A到Z》（*A-Z of Animals*），书里有他们很喜欢的动物。还有一本女儿非常喜欢的《幼儿ABC》（*The Toddler's ABC Book*），里面每一页都有一句关于好的社会行为的话，每句话都是一个字母开头。比如，"Always say thank you"（总是说谢谢你），女儿记得这些句子后，我们经常做换词的游戏，比如，我们把这句换成，"Always say thank me"（总是说谢谢我），这样既让她感受句子的结构，也让她觉得很好玩。感受到换词的乐趣，她自己开始换词，乐此不疲。有一段时间，这是我们每晚必读的书。

对于中文认字，我一样注重听说理解。儿子3岁时，我教他们认了几个字，发现他们只是单纯地认字，没有把字和意义联系起来。这样即使记住了，也对他们的阅读没有积极的影响。我就没有一味地灌输。后来我先生用识字卡片学中文，孩子们很想像爸爸一样玩卡片。我们就想了一些孩子们喜欢玩，又可以学认字的游戏。比如，他们在学校里都有喂鱼的经历，我们想出一个游戏叫"喂鱼"。每个孩子坐在一个垫子上，每人拿着几张汉字卡（比较容易的，如人、王、大、小等）。我们先让他们熟悉卡片，然后，我们喊："喂鱼了！泽泽喂鱼！"泽泽拿起一个卡片"王"，我们就说："泽泽喂了'王'字!"这样来回几次后，他们就认识这些字了。会认了后，我们就增加难度，让他们每次喂鱼的时候，自己说给鱼喂了什么字。除了这个游戏，我们还想出一个交换卡片的游戏。每人拿着几张卡片，轮流向其他人索要卡片。首先他们熟悉每个人卡片上的字，然后向对方要其中的一个字，比如，鸿鸿看见泽泽有他想要的"水"字，他就说："请给我'水'字！"这样来来往往，他们也熟悉这些字了。还有一个玩具是我哥哥嫂嫂从国内买的，是一套木制的，像麻将一样一套多米诺汉字游戏，每个小木牌上都有图字。孩子们可以单独玩一些字牌，也可以组词、组句子。玩了以后，还可以摆成多米诺来玩。有时候，我先生带着孩子们用它来比赛，谁组词多，谁就赢了。

有时候，我们会中英文一起教。比如我们买了一本叫作《宠物龙》（*The Pet Dragon*）的英文书，书中用英文故事巧妙地介绍中文字。这样孩子在读英文的时候，就学会了这些中文字。女儿3岁的时候就记住了这本书里几乎所有的字词了，包括巫、豆、森林等等。

14."写"给圣诞老人的信：体会写字

两三岁的孩子可以涂鸦画画，但是5岁的孩子握笔写字还有一定的困难，因为0—5岁，孩子的手都处于发展阶段。5岁的时候，如果鼓励孩子写字和生活玩耍结合，就能锻炼手的协调能力，而且写字也不枯燥。

儿子们3岁左右就用笔画圈圈，说画的是龙卷风、房子之类的东西。女儿两岁多的时候喜欢画人的脸，有一次在学校里花了一个半小时，画了一张巨大的图案，里面是她所有认识的人的脸，拿回来，她把所有人的脸给我讲了一遍。她也喜欢学写字，3岁的时候，她就会写“A”和“Qiqi”。儿子们4岁的时候，可以用笔写他们名字的第一个字母，鸿鸿4岁半的时候几乎可以写出他的全名和所有的字母表里的字母了，泽泽似乎对写名字不感兴趣，而对画画更感兴趣。玩海盗游戏时，他画了一幅藏宝图，供他们寻宝用。画完了，还交代我帮忙画不同的标记，以示宝藏的位置。他对龙卷风也感兴趣，“写”了一本关于龙卷风的书，书里画的是世界各地的龙卷风。画完了龙卷风的画，让我装订起来，配上文字——德国的龙卷风、美国东南部的龙卷风、墨西哥的龙卷风、中国的龙卷风等。这些国家地名都是他读书或者是看球赛的时候学到的。

儿子们3岁半的时候玩开生日晚会的游戏。他们看了《龙喜欢吃墨西哥玉米卷》（*Dragons Love Tacos*）这本书。书里写有人开派对，给龙送了邀请卡。于是，他们学会了邀请卡的作用，分工合作——鸿鸿准备派对上用的食物，泽泽负责写邀请卡。泽泽把大纸张撕成小块，每张“写”上派对的地点、时间，然后用丝带扎起来，准备送给他们的“朋友们”。看着泽泽画画写写，忙得不亦乐乎，我问：“泽泽，你在干什么？”泽泽回答说：“我在忙着写邀请卡呢！我们要邀请很多很多小朋友！”

孩子们都相信圣诞老人是真的，因为每年圣诞节的时候，我们都说礼物是圣诞老人送的。圣诞节去商场的时候，都有圣诞老人在商场里和小孩子照照片。儿子们快4岁时，还坐在“圣诞老人”的腿上照过呢。照相的时候，他们都告诉圣诞老人他们想要的礼物，结果圣诞节的时候他们真的收到想要的礼物，比如弓箭和火车。他们4岁半的时候，鸿鸿不小心把泽泽的弓箭弄断了，泽泽很伤心，想让我给他再买，我没有答应。鸿鸿说：“我有办法了！我们告诉圣诞老人吧，让他给你送一个新的弓箭来！”

他们马上意识到圣诞老人住在北极，得通过写信告诉他。于是每人给圣诞老人写了一封信。鸿鸿刚刚在一个餐馆吃饭的时候丢了他最喜

图6-2 写给圣诞老人的信

欢的填充小兔子的玩具，所以他很想再有一个一模一样的兔子。在一个卡片上，他写上他的名字，让爸爸给他写上：“亲爱的圣诞老人，请给我再送一个小兔子的玩具，谢谢！”泽泽则写了一封信，要新的弓箭和一个木马玩具给鸿鸿（我们家已经有一个），以便他们玩打仗游戏的时候，他和鸿鸿每人都可以骑马打仗。绮绮不知道自己想要什么，但是，也给圣诞老人“写”了一封信，她一边在纸上画/写，一边告诉我，她让圣诞老人给鸿鸿送一个兔子和木马，给泽泽送一套弓箭。我问：“你自己要什么呢？”她说：“我不知道呢。有东西送给泽泽、鸿鸿哥哥就行了。”

写完信后，鸿鸿把他的信放在我们家的邮箱里，并把邮箱上的小红旗竖起来（竖起小旗子就告诉邮递员我们家有信要发）。第二天一早，鸿鸿就起来在外等候邮递员的到来。邮递员来了，他跑过去说，他有信要送给圣诞老人。邮递员听了笑了，但是很认真地拿走了鸿鸿写给圣诞老人的信， 把邮箱上的小旗子放下来，表示信已经拿到了。鸿鸿才高兴地向邮递员叔叔挥手道别。

写信是运用语言、传递信息的过程。孩子们通过给圣诞老人写信，表达愿望，体会到了写字的意义（对孩子来讲，写字也是涂鸦），很有意义。

15. 如何通过阅读培养批判性思维

在西方，如何培养学生的批判性思维很重要。很多教育专家认为中西教育的一大区别就是中国教育一味强调遵从课本知识，接受作者的观点，所以大多数孩子思维很被动；而西方则鼓励学生创造性思维，挑战作者，形成自己的观点，所以大多数孩子思维活跃。很多人认为，这些批判性思维是在课堂里养成的。事实上，在生活中，从孩子很小的时候爸爸妈妈就可以鼓励孩子换位思考， 特别是在读故事、听故事的时候。中国有句老话 “授人以鱼不如授人以渔”， 所以，与其告诉孩子接收他人的观点，不如教他们如何自己思考。我们认为教孩子如何换位思考，可以提高他们的智力。这些换位思考可以关于很多方面的， 比如一些常见的约定俗成的社会概念、故事作者的想法、观点等。

儿子们3岁左右的时候，他们很喜欢当将军。他们读过《三国演义》《郑和下西洋》《拿破仑》，还有苏格兰普鲁斯将军，这些故事里所有的将军都是男的。儿子们以为只有男孩才可以当将军，即使他们看了《花木兰》后，还是认为只有男孩才能当将军。

后来，绮绮也想当将军，泽泽告诉她， 她是女孩，不能当将军。我问泽泽：“那花木兰是女的吗？”泽泽说是的。我又问：“与李翔将军比，谁更聪明？”泽泽和鸿鸿异口同声地说：“木兰！”“那木兰是不是将军？”“是的。”“所以女孩也可当将军！”

我又给他们读《杨家将》，穆桂英帮助杨宗保打胜仗。他们就知道女孩也可以当将军，而且可以当得更好。还有他们很喜欢的一本英文故事书《纸袋公主》（*Paper Princess*），讲的是一个公主的城堡和漂亮衣服被恶龙烧掉了，只好穿上纸袋子。她的未婚夫看她穿得不漂亮，就笑话她，不肯跟她结婚。结果她的未婚夫也被恶龙叼走，还被锁起来了。公主就用智慧降伏了恶龙，救出未婚夫， 然后与他说再见。读了这些故事后，绮绮要求参与哥哥们的将军游戏，他们欣然接受。2014年万圣节，我给他们每人买了玩具盔甲、宝剑、头盔，三个孩子与爸爸玩骑士追恶龙的游戏，再也没有人讲男女之别了。

爸爸妈妈讲故事的时候可以多提问题，激发孩子的换位思考。

孩子们从小就听安徒生的童话《卖火柴的小女孩》，是一个贫穷的小女孩饿死冻死在街上的故事。一般听完故事都觉得小女孩很可怜。但是除了可怜，我想推动他们去换位思考。每次听完故事后，我问他们，如果你们是卖火柴的小女孩，为了不被冻着、饿着，你们觉得烧火柴梗好呢，还是有更好的办法？他们很活跃。鸿鸿说："可以去找树枝烧，这样很暖和。"泽泽说："她可以去敲别人的门，说不定有人会给她吃的，还会让她进屋里，就不会被冻死。"绮绮说："她可以要些衣服。"这些都是很好的主意！我跟他们说："如果这个小女孩听了你们的建议，可能就不会死了！"

我们读《木偶奇遇记》（*Pinocchio*），该书讲的是木偶匹诺曹经历了贪玩、逃学，与一群小孩被骗到无忧岛，险些变成驴子，后来在鲨鱼肚子里历险救父，终于变成真正的男孩子的故事。整本书都围绕匹诺曹，直到最后都没有提到其他一起被骗到岛上的孩子。读完书我问："现在匹诺曹变成了真正的男孩子，其他一起去岛上的孩子怎么办呢？他们能变回男孩子吗？最后能找到爸爸、妈妈吗？"他们想了想，觉得很对。匹诺曹应该找人一起去救被变成驴子的其他孩子。

爸爸妈妈如何通过阅读培养孩子的批判性思维？可以用故事比较法，比如《三国演义》《郑和》《拿破仑》里的将军都是男的，但是《花木兰》《杨门女将》里的将军是女的，通过比较可知，男女都可以成为将军。也可以用提问"假如你是……"，激发换位思考法。比如："假如你是卖火柴的小女孩，假如你是匹诺曹，你会怎么做？"

16."我会中文又会英文！"培养双语骄傲感

让孩子在玩中不知不觉学双语是个漫长的过程，特别是在社会中以一种语言为主，缺乏双语环境。要让孩子有坚持习得的兴趣和动力，爸爸妈妈要对自己有信心，对孩子有信心。培养孩子的自信心，我觉得从小培养双语骄傲感非常重要。

我们的孩子出门，我经常跟他们说中文，让他们觉得在公众场合说中文没什么不好。碰到华人熟人，我让他们用中文与他们打招呼。有时在一些聚会的时候，我还鼓励泽泽背诗给他们听。泽泽很骄傲他会很多诗，因为他发现很多大人都不会他会的诗，让他信心大增。有一次去中餐馆吃饭，泽泽见到一个华人服务员阿姨。阿姨问他会不会说中文，他说会，还兴奋地告诉阿姨，他最喜欢的书是《郑和下西洋》。结果这个阿姨不知道郑和是谁，让泽泽很惊讶，也让泽泽很骄傲，因为他知道阿姨不知道的故事。

除了鼓励他们和华人接触，用中文交流，我也让他们教美国人中文。比如，我让他们按照中文的方式称呼他们奶奶、爷爷、叔叔、姑姑。我们隔壁的邻居，我都让他们以中国的阿姨、叔叔相称。有时，他们会跟我讲："他们听不懂中文！"我就鼓励他们帮忙解释，结果鸿鸿教会了邻居凯西阿姨怎么说"肉肉、菜菜、蛋糕"等很多家常用语。泽泽呢，我则鼓励他把自己最喜欢的《三国演义》和披风带到学校，给老师和同学们看。有时他回来告诉我，他还给他们讲故事了呢。有一位老师告诉我，泽泽给他讲了《三国演义》里的人物。这些让泽泽和鸿鸿感到懂中文很好。绮绮也是如此。在学校里，她经常告诉老师，一些东西、玩具该怎么用中文说。有时看到老师教英文和西班牙文数数，她竟然主动教他们用中文数！好几次，他们很骄傲地跟我说："我会说英文，又会说中文！"

除了中文，我也培养他们对中国文化的自豪感。因为各种原因，我现在还没有带他们回中国。2014 年春天，他们的一个白人小朋友随爸爸妈妈去了趟中国，他们也吵着想去。在家里，他们每天都要爸爸读英文书、妈妈读中文书。后来他们发现我也会读英文，就说："妈妈会读中文，也会读英文，我也要这样！"

培养孩子对汉语的自豪感很重要。在美国，可能有华人认为在外面讲中文不好，也可能有白人认为美国英语最好。我不这样认为。每一种语言都有它的美丽之处，都代表了一种独特的文化，也代表了"我从哪里来"这样的寻根问题。事实上，我的孩子们讲中文不仅得到华人朋友的褒扬，也得到美国朋友的喜爱。在中国的家长一定要重视孩子的中文学习。无论你在世界的哪个地方，最有竞争力的是你的本国文化。

学好英语的重要性不言而喻，它是世界普通话，是与人交流的工具。一个孩子如果拥有了流利的中英双语（如果还会其他语种更好），他/她将能游走于东西方世界，做个幸福的地球人。

17. 我家孩子的英文、中文阅读书单

英文书单

序号	书　名	作　者	
1	*The Velveteen Rabbit*	Margery Williams	1958
2	*Madeline*	Ludwig Bemelmans	2000
3	*Mandy and Pandy Visit China*	Chris Lin	2011
4	*My New Boy*	Joan Phillips	1986
5	*Tumble Bumble*	Felicia Bond	1999
6	*Tickle Tickle*	Helen Oxenbury	1999
7	*Gossie and Gertie*	Olivier Dunrea	2002
8	*Finn Throws a Fit*	David Elliott	2011
9	*Curious George*	H.A. Rey	1973
10	*First Look and Find*		
11	*Busy Baby First 100 words*	Sarah Phillips	2009
12	*The Wheels on the Bus*	Paul O' Zelinsky	1990
13	*Stelluna*	Janell Cannon	1993
14	*Look and Say First Colours*	Felicity Brooks	2013
15	*No, David*	David Shannon	1998

续表

序号	书 名	作 者
16	*Puff the Magic Dragon*	Peter Yarrow 2007
17	*What do People do All Day*	Richard Scarry 1968
18	*Go Diego, Go!*	
19	*The Legend of Panda*	Linda Granfield 1998
20	*The Hunchback of Notre Dame*	Victor Hugo 2006
21	*Calling Doctor: Amelia Bedelia*	Herman Parish 2004
22	*My Name Is Bob*	James Bowen 2014
23	*The Good Night Train*	June Sobel 2012
24	*Do Like A Duck Does*	Judy Hindley 2007
25	*Little Bunny's Bedtime*	Jane Johnson 2006
26	*I'll Teach My Dog a Lot of Words*	Michael Firth 1999
27	*Caillou*	
28	*Iggy Pig's Snowball Fight*	Vivian French 2002
29	*The Spooky Old Tree*	Stan Berenstain 1978
30	*The Ugly Duckling*	Hans Christian Anderson 1999
31	*Little Chief and Mighty Gopher—The American Family*	
32	*Caillou-Dress Up With Daddy* *Caillou Puts Away His Toys* *Caillou Sleeps Over* *Caillou: What's That Funny Noise*	Marilyn Plean–Marissi 2004 Joceline Sanschagrin 2009 Nicole Nadeau 2003 Marion Johnson 2009
33	*The Moon Lady*	Amy Tan 1995
34	*The Tang Monk Disciples*	Debby Chen 2005
35	*That's Not My Bear*	Fiona Watt 2003
36	*Jolly Old Santa*	Mary Jane Tonn 2005
37	*The Hallo Wiener*	Dave Pilkey 1999
38	*The Grouchy Ladybug*	Eric Carle 1999
39	*Where the Wild Things Are*	Maurice Sendak 2012
40	*Choo Choo Run Away Engine*	Virginia Lee Burton 2012
41	*The Toddler ABC Book*	Andy and Sarah Stanley 1995
42	*Cars and Trucks and Things That Go*	Richard Scarry 1998
43	*Busy Busy Town*	Richard Scarry 2000
44	*The Pet Dragon*	Christian Nieman 2008
45	*The Littlest Sled Dog*	
46	*Good Night Gorilla*	Peggy Rathmann 1996
47	*Ten Apples on Top*	Theo LeSieg 1691
48	*Froggy's Halloween*	Jonathan London 2001

续表

序号	书　名	作　者	
49	*Seal Song*	Andrea Spalding	2011
50	*I Love My Daddy Because* *I Love My Mommy Because*	Laurel Porter–Gaylord	1991
51	*Potty*	Leslie Patricelli	2010
52	*The Toy Story*		
53	*Are You My Mother*	P. D. Eastman	1998
54	*Dragons Love Tacos*	Adam Rubin	2012
55	*Cinderella*		
56	*Snow White*		
57	*My First ABC Book*	Jane Bunting	1999
58	*Blue Hat, Green Hat*	Sandra Boynton	1984
59	*Brown Bear, Brown Bear*	Bill Martin	1996
60	*What Do You Do*	Sesyle Joslin	1986
61	*Good Night Moon*	Margaret Wise Brown	2007
62	*Wrapping Paper Romp*	Patricia Hubbell	1998
63	*Little Bunny's Book of Opposite*	Dianne Miller	2013
64	*Caillou: One or Many*		
65	*The Monkey King Defends Red Boy*		
66	*Dora & Diego*		
67	*Hop On Board-Here We Go*	Richard Scarry	
68	*Muncha, Muncha, Muncha*	Candace Fleming	2002
69	*Favorite Storybook Ever*	Richard Scarry	2003
70	*Ride Along with Thomas*	Publications International, LTD.	2011
71	*A-Z of Animals: A Wild Alphabet*	Peter David Scott	2009
72	*Chicka Chicka ABC*	Bill Martin Jr.	1993
73	*The Mixed Up Chameleon*	Eric Carle	1998
74	*My Favorite Book of Shapes*	Alice Twine	2008
75	*Snowmen at Night*	Caralyn Bunehner	2005
76	*Touch and Feel Kitten*	DK Publishing	1999
77	*Who Hops*	Katie Davis	2001
78	*The Nose Book*	Al Perkins	2003
79	*The Itsy Bitsy Spider*	Iza Trapani	1998
80	*F Is for Farm*	Roger Priddy	2008
81	*Yes, No, Maybe So*	Charise Mericle Harper	2004
82	*One Little Penguin and His Friends*	Claudine Gievry	2013
83	*Little Blue Boy and Other Rhymes*	Iona Opie	1997

中文书单

1. 郑和下西洋 （*The Great Voyages of Zheng He*），Zhang, Song Nan. Scarborough, ON: Pan Asian Publications（2005）。

2. 童谣大全，泠泠，等著；佳山工作室绘，连环画出版社（2009）。

3. 宝宝最爱听的365夜睡前故事，李树芬编，闻玉杰插图，北京日报报业集团，同心出版社（2003）。

4. 中国经典故事：西游记 （动漫插图版），吴承恩著，陈潞颖编，张维辰绘， 上海动画大王文化传媒有限公司，上海人民美术出版社（2013）。

5. 小兔乖乖 （中英双语，拼音彩图《动物故事乐园》），石延博编，梁莉译，中国人口出版社（2004）。

6. 大肚蛙/寓言里的智慧，石磊，张玉培编辑，江苏少年儿童出版社（2001）。

7. 贝尔熊和朋友们　关于友情的故事：贝尔熊很害怕，［美］威尔逊著，［英］查普曼绘，中央编译出版社（2010）。

8. 再讲一个故事吧，［英］特雷西・科德里著，［英］艾莉森・艾杰森绘，暖房子译，晨光出版社（2013）。

9. 关于爱的故事：对不起（友爱篇），［英］诺伯特・兰达著，蒂姆・沃恩斯绘， 禹田译，中央编译出版社（2010）。

10. 世界经典童话绘本：丑小鸭，［丹麦］安徒生著，高竞男改编，北京师范大学出版社（2012）。

11. 彩图世界名著100集，纪堤改编，少年儿童出版社（1990）。

12. 婴儿童话书，韩巍编，吉林美术出版社（2004）。

13. 唐僧收美猴王为徒 （*Tang Monk Disciples Monkey King*），Chen, D & Ma, W., Pan Asian Publications（2008）。

14. 神奇的织锦：一个中国的民间故事 （*The Magic Brocade: A Tale*

of China），Shepard, A & Chiachin Tsoo，EduStar/Pan Asian, Union City, California（2000）。

15. “不一样的动物故事”绘本系列——我长大了，［澳］莎莉·奥杰斯著，劳伊德·弗耶绘，郑峥译，印刷工业出版社（2012）。

16. 唐诗三百首，钟加萍编，广东世界图书出版公司（2009）。

17. 大野狼和三只小猪的化装舞会，［比］萝杭丝·布赫基农著，范尊丽译，新疆青少年出版社（2011）。

18. 0—3岁早教必读：婴儿童话书，何顺主编，海南出版社（2013）。

19. 小天才都爱听的中国经典故事，王增雯编写，浙江少年儿童出版社（2006）。

答疑解惑

一、孩子学外语有没有关键期？

有。3岁、7岁、12岁是三个重要时期。如果12岁前没有接触地道的外语，他/她一辈子都不可能讲地道的外语了。而且，12岁以后的外语学习方法与婴幼儿时期不一样，要费力得多。

二、孩子什么时候开始学双语？如何学？

从胎教开始。

语言学研究发现，婴儿出生的时候就可以分辨不同的语音系统，到四个月时他们就可以分辨出类似的语音。双语婴儿比单语婴儿对语言更加敏感，很少混淆不同的语言系统，也不会影响他们的双语学习。很多研究发现双语孩子更聪明，在社交上更有灵活性，在认知上也比单语孩子更有优势。

三、父母指导孩子学外语的宗旨是什么？

孩子获得某一种语言，不是靠“学习”，而是在环境中自然而然地习得。

对学前幼儿来说，在玩中学双语，会有更好的效果。外语的学习需要父母创造与儿童发展特征相吻合的语言环境。语言环境不仅是物质的，更是生活的一部分。

父母还要观察、了解孩子的喜好，在发展孩子兴趣的基础上推动外语学习。

四、小孩子学外语用什么教材？

有图画的儿童书（绘本）都可以。

图画书很多，关键是父母如何使用这些书，如何与孩子互动，父母要用生动的方式让孩子有兴趣学习。

五、英文好的家长怎么教？

充分利用身边的环境，比如把家里的物品贴上英文标签，车里放英文儿歌、童谣和故事碟片；到商店买东西时告诉孩子商品的英文名称；每晚至少读半小时英文故事书，既可以自由阅读，也可以按一定的主题。如：大野狼系列、海盗系列、万圣节系列、圣诞节系列、中国新年系列、西游记系列。同时比较东西方文化，像唐僧与耶稣的比较就很有意思。这样，不仅顺应孩子们的兴趣，也有机会让孩子们把不同的故事联系起来，增强他们对故事的再认知，从而提高他们的理解能力以及多元看世界的视角。

有成功经验表明，孩子学外语的能力是无限的。在欧洲，如果家庭成员讲四五种语言，孩子也能在四五种语言间自由切换。在中国，英语好的家庭可以尝试如爸爸讲汉语，妈妈讲英语，这样，孩子在3岁时就能流利地讲两种语言。

六、家庭经济条件好，但父母英文不好，怎么教？

（1）请外教（英语为母语的外国人）教孩子踢足球、画画、表演戏剧；

（2） 请外教当家庭教师，包括国外著名私立学校教师的网络互动课程；

（3） 到英语国家参加夏令营（注意营地里中国孩子人数不能太多）；

（4） 上国际学校。

七、 家庭经济条件不太好，家长英语也不行，怎么办?

家长不是孩子学英语的决定者，而是资源提供者，负责帮孩子寻找资源，倾听、观察、尊重孩子的兴趣，想办法把孩子带到这个资源世界里。如：利用网络资源，让孩子听英文歌曲、童谣；看英语动画、电影；上便宜的外教网络互动课程（网上有高中低价格的课程，与外教的资质有关）；让孩子看简易的英文原版故事书。

八、 孩子兴趣班太多，琴棋书画、体育舞蹈，忙得没时间学英语，怎么办?

一个人不可能是全才，孩子的时间也非常有限，家长可以通过科学书籍，了解孩子学习才艺和文化知识的关键期。

我认为，孩子学习外语越早越好，语言有关键期，外语学习应是早期智力培养中的首位。

九、 如何通过阅读培养孩子的批判性思维?

用故事比较法，比如《三国演义》《拿破仑》里的将军都是男的，但是《花木兰》《杨门女将》里的将军是女的，通过比较可知，男女都可以成为将军。

用提问“假如你是……”，激发换位思考法。比如：“假如你是岳飞，假如你是狮子王，你会怎么做？”

第七章 ▶ 科学素养：培养摇篮里的“科学家”

本章概述：赞同“儿童是天生的科学家”，有本能的好奇心；爸爸妈妈可以在玩中顺应他们的好奇心，帮助其不断进行自发探究，从而开发智力，培养良好的科学素养和学习习惯。

1. 餐厅里、木马上的算术

每天吃饭的时间是一家人最重要的时间，也有很多“可教”时间。除了教孩子们餐桌礼仪、讲故事外，我们也穿插了很多其他的算术游戏，既可以帮他们好好吃饭，又可以开启智慧。孩子们吃饭的时候，很喜欢听我们编故事，我们就按照他们的建议编。比如故事到了一个关键点，我们就打着暂停的手势说：“暂停！每人需要吃3口饭，故事才能继续！”孩子们就乖乖地吃饭，自己数自己吃了几口。有时，看见他们没有吃蔬菜，我们会说：“每人要吃2个西兰花菜，才能继续讲哦！”于是孩子们又吃蔬菜了。

吃水果（如葡萄、黑莓、蓝莓）的时候，我们会让他们数自己拿的数量。下面是我与鸿鸿的对话。

“鸿鸿，你要几个水果呀？”

“5个！”

“你已经有几个了呀？”

“3个！”

“那你还差几个？”

“2个！”

有时，孩子们会帮忙摆盘子、刀叉、碗、筷。我问：“我们家有几口人？需要几个盘子？”来客人了，我们会让他们数人数，算出需要多少盘子和碗筷。

有时，我会跟他们说：“泽泽，我有一个问题，你可以帮忙解决吗？”

泽泽立刻很感兴趣：“好！”

我说：“我想要10颗蓝莓，现在有6颗，我还需要几颗？”

泽泽掰着指头数，尝试了两遍，终于算好了：“4颗！你还要4颗！”

这样的游戏玩久了，他们开始给我们出题了。

有一次，泽泽说：“我给你出个题目吧！”我说：“好啊！”泽泽打着3加3的手势说：“假如我手上有3块巧克力，盘子里还有3块，一共几块？”

我假装想了想。

泽泽说：“哈哈，很难吧？我告诉你怎么算！”他又伸出3加3的手势，数了数：“一共6块呀，你看！”

餐厅里有许多可计算的物品，编故事、数水果、计算客人需要的用具等等，都是绝好的生活算术。而且，通过学计算，孩子们可以帮助我们做饭前、饭后的一些工作。

还有一次，爸爸和儿子们一起玩一个玩具钟。爸爸假装不会调时间，问：“谁能帮忙把时间调准？”两个儿子争先恐后要帮忙。

爸爸说：“泽泽先来，要是调不准，鸿鸿再调。”因为鸿鸿内向，泽泽外向，喜欢探索新的东西。爸爸有意这样安排。

其实，他们对钟的时针、分针、秒针怎么调还不太清楚，爸爸让孩子们先自己摸索，然后，再一点一点教他们。三人通力合作，终于把时间调准了。孩子们也学会了时钟的知识、数的概念。

我们每个周末都带孩子们去买菜。每次买菜之后必玩的一个项目是骑超市里的玩具木马，每坐1次1分钱。平常都是我带好了零钱，直接去骑马。有一次，我先生带他们骑马，发现没带零钱。

我先生说："我们得去换零钱。"

期间，绮绮开始到处乱跑，鸿鸿去追绮绮，所以我先生得去追他们。

泽泽自告奋勇地说："我去换零钱！"

他拿了1毛钱，跑到售货员那里："可以给我换一些1分钱吗？"

开始，因为他太矮，声音很小，售货员没有看见他，没有回应。泽泽没有气馁，从售货柜后走出来，大声说："可以给我一些1分钱吗？"

售货员看到一个矮矮的小人很惊讶，但很乐意帮助他，连忙给他零钱。可是，她慌忙中掉了1分，没发现。

泽泽说："你漏了1分。"

售货员清点了一下，发现真的少了1分，连忙道谢。

泽泽拿了零钱，很开心地给鸿鸿、绮绮去骑马。

他把整个换零钱的过程很自豪地讲给爸爸、妈妈听，最后强调说："我自己去换钱的！"

爸爸趁机问："你给售货员多少钱？"

泽泽说："1毛钱。"

"那她给你几分钱？"

"她给了我9分，后来又给了1分。"

"一共多少？"

泽泽算了算，说，"10分"。

爸爸说：“那就是说，1毛钱相当于10分钱。”

小孩子学算术，不需要一本正经做一张纸的加减法，生活是本大开本的书，孩子们可以做数不清的算术题。

2. 探究：打破砂锅璺（谐音“问”）到底

三四岁的孩子对身边的事物都很感兴趣。

我的孩子们都爱喝牛奶。有一天，他们问我牛奶从哪里来，我说来自于奶牛。他们继续问奶牛怎么产出牛奶的，我先生说，从奶牛身上挤出来的。当然，他们又继续问，怎么挤的呢？我说不知道。我先生说，让我们来探究吧。他拿出电脑，在网上找到农民挤奶的视频给孩子们看。我们一起观看了农民们旧式的挤奶方式，也看了现代的挤奶方式。孩子们非常感兴趣，一直在谈论奶牛产奶的事情。2014年的夏天我们度假的时候，有机会带他们到一个奶牛场去参观，实地看牛奶和奶酪是怎么来的。参观的第一站是“小牛学校”（Moo School），导游用多媒体及儿童易懂的语言介绍了绿色奶牛场的概念和整个养牛和产牛奶的过程。然后，他带着我们参观挤牛奶，将牛奶消毒、装瓶的流程。

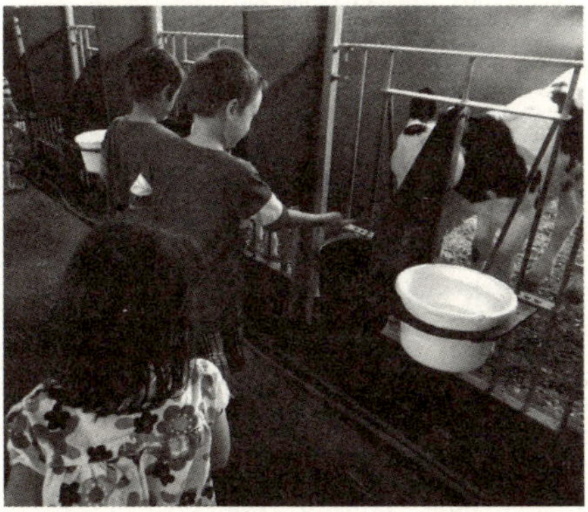

图7-1 参观奶牛场

孩子们还看了不同阶段的牛——小牛犊（Calf）、小母牛（Heifer）和奶牛（Cow）。孩子们（当然也包括我们大人）了解了这些不同的牛的区别，还学会了一个新词——Heifer，就是怀孕了但是没有生产的小母牛。孩子们还去摸了刚出生的小牛犊，让小牛犊舔他们的手，逗他们玩。参观完后，孩子们喝到了新鲜的牛奶，也吃到了新鲜的奶酪。看了之后，泽泽就能告诉我们牛奶是怎么来的！

还有一天，孩子们和爸爸在网上看野生世界，他们看到一段关于深海的视频。解说员用了“深渊”（Abyss）这个词，双胞胎兄弟特别感兴趣，问“深渊”是什么，于是，我们对“深渊”的意思进行了探究。我们给他们看了关于深海的不同的视频和图片，这样，“深渊”这个词就深深烙在他们的脑海里了。直到今天，双胞胎兄弟一看到海洋以及海洋动物的图片，总会说他们住在深渊里，或者问，那是不是深渊？

有一本儿童版《郑和下西洋》，泽泽非常喜欢，可是，我却不太喜欢，因为里面有太多的历史、地理知识，我不知道怎么给3岁半的儿子们讲明白。但是，只要孩子们喜欢，我总尽量满足他们。我平时很关注国内的汉语教育，曾看过一本台湾的家庭教育的书，作者的观点是给孩子讲故事无须解释，孩子听多了，自然明白。我不同意这个观点。而且，儿子们如果不明白，会缠着我非要搞清楚。

我给孩子们看了世界地图，先给孩子们讲大洲、大洋，孩子们很快就理解了。

鸿鸿下定义一般说：“有许多水的地方就是大洋。”

我表扬了他，并且告诉他们中国在哪里，美国在哪里，引导孩子们知道中国和美国分别在两个大洲，中间隔了大洋。

我问：“中国和美国隔了大洋，很远的。你们猜猜看，妈妈怎么从中国到美国来的？”

孩子们当然知道坐飞机，因为他们坐过飞机，有这样的生活经验。

“你们真聪明，可是，郑和是很久以前的人，那时没有飞机，怎么办呢？”

我拿出我们在密歇根湖边拍的照片，他们看到了大轮船，马上答道：“坐轮船。”

“真聪明！”我又表扬了他们，并且告诉他们乘船在大海上，就叫航海。

鸿鸿又问：“抛锚是什么意思？”

我在电脑上找到“锚”的图片，说：“船要停下来，可是，大风来了，怎么办呢？就要找个重的东西把船固定下来，拖住船，风就刮不走它了。这个重的东西就叫锚，把锚放进水里就叫抛锚。”

这些解释对他们的理解很有帮助，这本书成了泽泽最爱的书之一。他每天睡觉的时候，都要把这本书放到枕头边。每次我们出门吃饭或者买东西的时候，每看到一个中国人，他都会问：“你知道郑和吗？他很会造船。我长大了要造更大的船！”一次在中餐馆，泽泽问的那个服务员不知道郑和，他很吃惊，说：“妈妈，她竟然不知道郑和是谁。”我鼓励他说：“泽泽，你真棒！你知道得比阿姨还多，阿姨可能还没读郑和的书呢！”

小孩子总有无穷的问题要问，家长要耐心解答，并与孩子一起探究。

3. 种樱桃树

从我们当地的图书馆里，我借了本汉语书《两颗大樱桃》。故事讲了刺猬妈妈买了一捧樱桃，留了一颗大樱桃，送给大地妈妈。这颗樱桃就会长成一棵樱桃小树苗，小树苗长大了会给小刺猬宝宝结出更多的樱桃。刺猬宝宝也学妈妈，留了一颗给大地妈妈，也长出了一棵樱桃树。

一段时间以后，我买了些樱桃回家。由于孩子们很喜欢樱桃的故事，他们也学会了如何吐出樱桃籽。有一天，当他们吃樱桃并吐出樱桃籽的时候，泽泽对鸿鸿说：“噢，我知道了，我们可以把种子种到地里，这样，我们就可以有自己的樱桃树。”

他们跑向阳台，把种子扔到水泥地上。我用汉语对他们说：“你们把种子丢到水泥地里，不会长出来的，要丢到泥土里才行。”

他们就把樱桃种子丢到草地上。

我说：“这样有可能也长不出来，鸟儿会吃掉的，要丢到泥土里才行。”

接着，我带女儿买东西去了。

回来后，发现阳台上有3个杯子和1个塑料袋，里面都装满了泥土，我就问他们是什么。儿子们告诉我，他们种樱桃了。先生告诉我，他们在网上查了怎么种樱桃。先要让樱桃籽发芽，发芽的方法有很多种。他们就每种都试验一下， 看哪种会发芽。

后来，每次吃水果，像苹果、西瓜、梨子等，他们都要问是否可以种。泽泽经常把种子留下来，准备种到我给他买的种花的小盆子里。有时候，吃到草莓这种水果时，他们也会问草莓有没有籽？怎么种？芒果怎么种？ 这些我们也不知道，所以就建议他们去Youtube上查看一下。他们看了关于怎么种芒果的录像，懂得了芒果要种在热的地方，我们住的地方太冷了，种不了。后来，我们把他们爱吃的水果如香蕉、菠萝的信息都在网上看了一遍。孩子们对这些水果有了新的认识，他们知道了工人用镰刀摘香蕉后，会把香蕉挂在一条通往工作间的绳子上运过去，然后还要洗和包装。他们还知道菠萝是由很多小花长成的，等等。

又有一次，我看到鸿鸿蹲在草坪上不停地用一只手挖土，好像在埋什么东西，另一只手拿着我们刚吃完的爆米花的袋子。我问：“鸿鸿，你在干吗呀？”他很严肃地说：“妈妈，我在种玉米呢！这样，我们以后就有自己的爆米花，不用去买了。” 我跟他解释说，种玉米要用没煮熟的玉米，这样才能长出来。他想了想说，那你以后买玉米棒的时候，不要都煮熟了，要留一些种起来。后来泽泽吃苹果的时候想，要是我们自己种苹果树，就不用经常去买了。他让我把苹果的核给他留下，然后拿到外面草坪上挖坑，种了苹果的种子，还提醒爸爸割草的时候要小心，不要把他们种的东西弄坏了。

孩子的好奇心是无穷的。他们读书，自主探究，把书本与实际生活相结合，尤其可贵的是，3岁的孩子知道自己上网查询信息，这些都是对学习方式的培养。

4. 杰克逊·波洛克怎么画画

像很多小朋友一样，我家的三个宝宝很喜欢画画，也很喜欢听故事。我先生经常在吃饭的时候编一些故事，寓教于乐，既让他们可以静下心来吃饭，又可以培养他们的创造力。鉴于他们很喜欢画画，一天吃完饭的时候，我先生就编了一个关于美国著名画家杰克逊·波洛克（Jackson Pollock,1912—1956）的故事，孩子们也积极参与进来。

故事是这样的：杰克逊·波洛克是美国很有名的画家，他不用画笔，而是把颜料滴到或者倒到画板上作画。他的作品展在纽约的现代艺术博物馆里，被一个很喜欢他的作品的小偷盯上了。三个小首领，泽泽、鸿鸿和绮绮知道了以后，决定搅乱小偷的计划。他们找来颜料、画板，模仿杰克逊·波洛克的样子，把颜料滴到画板上，制作了几幅画，挂到杰克逊·波洛克作品所在的位置，把真迹藏了起来，这样，小偷来偷的时候，会以为偷到的是真的，警察就可以把他抓起来。泽泽说他喜欢红色的，所以他画的是红色的画。鸿鸿最喜欢的是绿色，所以画了绿色的。绮绮的画当然用了她最喜欢的粉红色。小偷拿到画之后，发现是假的，很生气。孩子也觉得很好玩。

讲完故事后，孩子们问：“杰克逊·波洛克怎么画的呀？”

我们就在电脑上找了杰克逊·波洛克的作品放给他们看，又给孩子们看了关于他作画的纪录片，还放了其他几个画家模仿杰克逊·波洛克的录像。孩子们看了后很兴奋，说："我们也可以这样画了！"

第二天我去幼儿园接他们的时候，泽泽、鸿鸿每人拿着自己画的一幅画，高兴地向我展示："我们像杰克逊·波洛克那样画的画，你们快看！"

小绮绮也一样记住了杰克逊·波洛克。每当幼儿园画画的时候，她就会对老师说："我要像杰克逊·波洛克一样画画！"

老师很吃惊，问我们："她怎么知道杰克逊·波洛克?"

一个自编的、以孩子们的名字为主人翁的故事，激发了孩子们对杰克逊·波洛克的兴趣，探究他，模仿他，也就是记住了一种艺术风格。

5. 让虫虫们开派对吧！

我们住的地方是大学城，充满自然风光。

我家的后院里经常有一窝兔子过来吃草，孩子们便看着这窝小兔子慢慢长大。后院里还会有一群鹿经常来光顾，有时还有漂亮的鸭子飞来。孩子们每次都很好奇。除了这些大动物外，孩子们对小生物也很感兴趣，对蚂蚁、蚯蚓、蟾蜍、甲虫和蝴蝶等，他们会观察好久，而且一点也不害怕，还经常拿到手上研究。虽然我们看了觉得脏，但看到他们总是乐此不疲，也就不介意，以免打消他们的积极性。邻居阿姨看到他们这么喜欢虫子，就送了一个装虫子的玩具——虫虫屋。这样，他们更喜欢捉虫子了，还把一些虫子放到虫虫屋里。

他们学校的院子里有几个树桩，供孩子们坐下休息，可是，他们最喜欢的却是推开树桩，研究下面的蚯蚓之类的虫子。玩完了，又把他们放回去，因为他们已经知道虫子要生活在泥土里，不然就会死的。有时候我也听到老师给他们讲不同虫子的名字以及它们的不同之处。孩子们看到有些树桩下有很多虫子，有些只有几只，他们就会好奇地问为什么。

图7-2　绮绮找到虫子

有一次，他们发现有一个树桩下面没有虫子，就突发奇想，说：“我们可以把所有的虫子都搬到这个新的树桩下面，让他们开派对吧！”于是，三个人，还有其他小孩，齐心合力，把所有的虫子从其他的树桩下转移到一个下面，让他们开派对。回家的路上，他们三个还讨论了虫虫该为这个派对准备什么吃的。

爸爸告诉他们虫虫是有益的，可以松土，也可以帮助园子里的菜生长。鸿鸿听到了，有一天他从学校的树桩下挖出几条虫子，放到我们的小菜园子里，说这样我们的菜就会长好了。他们抓到一只小蟾蜍，也很兴奋，想把它养在虫虫屋。爸爸说蟾蜍可以吃蚊子，也可以吃其他的害虫，对我们的菜园子有益，孩子们虽然舍不得，但还是把它放了。

后来有一天，鸿鸿在外面发现了一条毛毛虫，把它带进屋里，装在一个大玻璃瓶内，还让爸爸在瓶盖上戳上几个小窟窿，让虫虫可以呼吸。鸿鸿和泽泽还到外面去拔一些草放在瓶子里，作为虫子的食物。他们每天都会检查虫子的生活状况，偶尔给它添一些草。泽泽告诉我，毛毛虫会做茧，最后会变成飞蛾。过了几天，鸿鸿兴奋地抱着瓶子给我看：“妈，毛毛虫做茧了！”果然如他所说，毛毛虫把自己裹在茧里了！后来，泽泽的班上有展示和分享（Show & Tell）的活动，泽泽和鸿鸿还把瓶子带到学校里和同学们分享呢！

孩子们喜欢虫虫，从各种活动中观察虫虫、了解虫虫的习性，是对自然的探究，也是生物科学的启蒙。

6. 做灵药汤剂

在学校阅读时，他们学会了灵药汤剂（Potion）这个词。鸿鸿很感兴趣，于是尝试用不同的材料做灵药汤剂。

图7-3　做灵药汤剂

学习做灵药汤剂的时候正是春暖花开，所以，他们用学校院子里的各种花草如杨柳树枝的毛茸茸的花苞，还有一些小红种子。不过他们只能捡从树上掉下来的，因为不能损害学校的环境。

回家后，鸿鸿和泽泽忙着把他们捡回来的宝贝用水混起来搅拌，做成他们的灵药汤剂：鸿鸿的让人长生不老，泽泽的助人入睡。当然，他们还用家里的一些东西，比如肥皂、洗手液、牙膏等去试验。有一次，鸿鸿发现我的化妆品颜色很好。于是，他乘我们不注意，把我的洗脸液、平衡水和卸甲水混在一起做实验。虽然我很生气，但看到他们很专注，就问他们为什么要用我的化妆品做灵药汤剂，然后建议他们用牙膏之类的其他东西。

大概每个孩子都会对灵药汤剂产生奇幻的想象，就如中国古代皇帝迷恋炼丹术一样。想一想长生不老、容易入睡，甚至还有很多其他的作用，真让人兴奋，所以，孩子们对此充满了深深的神往，并进行了不懈的探索。毛茸茸的花苞、红红的果子、肥皂、洗手液还有美丽的化妆品，都成了极好的原材料。大人简直不能想象这些小小科学家会调制出怎样的灵药汤剂。孩子神奇的想象真值得每位家长珍惜！

7. 关注建筑工地

上学的路上经常有工人修路，由于儿子们从小就对车子、工具感兴趣，所以，他们也喜欢建筑工人。2014年夏天他们上学的路上修路的时候，工人们挖坑，换管道，然后再填坑，铺路。孩子们一路关注工程进展，每天给我报告工人们在干什么。比如有一天，他们看到工人们用机器烧路，浓烟滚滚，很兴奋，回来后就告诉爸爸，他们看到工人烧路了。虽然我们有时想避开施工地，但是看到孩子们很好奇，还是每天坚持从那条路走。

孩子们读过《人们每天做什么》中关于建房子的文章。有一次，他们发现学校旁边的社区里有房子在建，于是，要求每天绕道从那里经过，看工人们盖房子。由此，他们也经历了挖地基、盖房子、修草坪，直至最后完工的过程。每次经过的时候，我们都会讲建房子的每个阶段应该做什么，为什么要这样做。有一次，我们走到工地里，发现有个工人正在用水泥做门前走道。他用厚木板把水泥圈起来，外围用木桩固定，等水泥干了，就是很完美的长方形了。

孩子们对这个程序很好奇，不停地问工人：“为什么要用木板呢？”“这些木桩是干什么的？”“我能摸摸吗？”工人很耐心地给他们解释，木板是用来加固水泥的，让水泥板的形状四四方方，这样才好看。木桩呢，是用来固定木板的。虽然水泥还未平，但还是特许他们用手去摸摸水泥。他们每人用手试了水泥，知道水泥的感触，很高兴。后来他们还经常去看那房子，看看是否有人住进去了。

建筑工作本是灰尘漫天的地方，但是，孩子们的想法与大人不一样，父母应该满足他们探究事物的好奇心，不嫌麻烦，宁愿绕路，也要把孩子带到现场。工人们是孩子建筑课程的好老师，这些知识比课本知识立体、生动，谁说将来他们没有当建筑师的可能？

8. 孩子们的第一个菜园子

住在大学城，春天一到，家家户户都忙着种花、种菜，这也是我们这里春季的一大文化。孩子很小的时候，对花草很感兴趣。我们周末经常去吃饭的餐馆旁边有一个社区菜园子，孩子们吃完饭最喜欢的事就是看人们弄菜园子。比如有人在翻土，他们就会过去问在干什么、为什么。有一次，他们看到有两个人在草地上铺报纸，然后浇水，这太让他们惊讶了。他们很好奇地问："为什么在报纸上种菜呢？"原来报纸可以不伤泥土，比较环保，孩子们听了很高兴，请求那两个小伙子让他们帮忙摊报纸，那两个小伙子很乐意。有了这三个小帮手，活一会就干完了。孩子们建议，我们也回家在报纸上种菜。

看到他们那么热情洋溢，我们决定在后院开一个小菜园子。我们带着孩子去商店里买土、买工具，让他们一路参与。爸爸力气大，负责挖土，孩子们拔草，清理草坪。爸爸把土准备好以后，孩子们负责撒种子。他们种了西红柿、豆角、水萝卜和小卢瓜。因为是自己种的，孩子们很兴奋，也很有责任感，每天放学回来第一件事就是去看他们的菜园子，浇水。每天鸿鸿都会告诉我菜园子里的情况——菜发芽了，豆角长高了，有虫子吃菜叶子了，西红柿开花了。

在此期间，邻居凯西阿姨给了孩子很多帮助，比如，西红柿长高了，凯西阿姨带着鸿鸿去市场里买了架子，放在西红柿的周围，这样西红柿长出来了，虽然很重，茎也就不会被压弯。后来我们出去度假的时候，凯西阿姨还帮我们浇水。因为凯西阿姨一直很用心地保护我们的菜园子，所以鸿鸿告诉凯西阿姨，我们结出的第一个西红柿一定要给凯西阿姨尝尝。凯西阿姨很高兴，也很意外，却也没当回事，以为鸿鸿只是说说。后来第一个大西红柿快要红了，鸿鸿每天跟我们（包括泽泽和绮绮）提醒，这个是要给凯西阿姨的，不能摘了自己吃。到了可以摘的那天，鸿鸿拿着西红柿飞奔到凯西阿姨家，要把它送给阿姨。可是凯西阿姨刚好不在家。鸿鸿就让我打电话，问凯西阿姨什么时候回来。他和泽泽、绮绮三人一直在阿姨家门口等，直到阿姨回来，鸿鸿亲手把西红柿交给阿姨，告诉她，这是我们的第一个西红柿。阿姨非常高兴，更让她佩服的是，鸿鸿竟然遵守了自己的诺言。后来我们又有很多收获， 有西葫芦、小西红柿、黄瓜和豆角。 他们摘了，只要看到凯西阿姨就会给她送去。

孩子们对自己种植的蔬菜，感到很亲切，很有成就感，也更愿意吃蔬菜了。泽泽和绮绮以前不喜欢吃黄瓜，现在愿意尝试了，鸿鸿发现刚摘的豆角、胡萝卜很好吃，有时甚至跑到菜园子里边摘边吃豆角。他们还发现兔子也喜欢吃，他们就把摘下来的豆角、西红柿放在后院兔子经常光顾的小盆子里，让兔子也可以尝尝我们种的菜！

孩子们通过打理菜园子，了解了植物的生长状况，也更喜欢吃蔬菜，还在从事这些近似于玩的活动中增长了知识。

9. 我家是太阳系

2014 年秋季，儿子们班上的学习主题是“太空”，第一个项目是学习“太阳系的星球”。

泽泽对这个项目非常感兴趣。 每天回来会告诉我们他学到的太空知识，比如地球绕着太阳转，月亮绕着地球转，离太阳最近的星球是水星，月亮本身不发光，月亮光是反射的光，等等。泽泽的老师布置的家庭作业是“做一个太阳系模型”。我们去商店买了几袋相关的材料，如大小不等的球、颜料和粘胶。买回后，我想，如果用这些材料，技术性太强，可能大部分的工作都是父母做，孩子们参与的可能较少，而且，三个孩子一起参与，局面会很乱，达不到这个家庭作业的目的， 也达不到帮助他们学习的目的。还有，这是泽泽班上的作业，对鸿鸿和绮绮来说，还是崭新的内容。他们虽然不懂，但是肯定还是要参与的。所以，既要让他们都熟悉星球的名字，还得让他们觉得很有趣。孩子喜欢动，一定得用游戏的方法帮他们学习，让他们在玩中学。

家里正好有一本关于星球的折叠卡式大书，我把它拿出来，让他们找太阳、月亮、地球等他们已经知道的图片。然后，读出其他星球的名字，他们看见图片就有些感性认识了。接着，我们就自己当星球，演出泽泽说过几次的“地球绕着太阳转、月亮绕着地球转”的动作。泽泽当太阳，鸿鸿当月亮，爸爸当地球，然后大家各自绕着自己的星球转。泽泽一边转一边说，我是地球，我绕着太阳转。然后，大家交换当不同的星球。转着转着有人就晕了，倒在地上，乐成一团。小绮绮虽然还没弄懂怎么回事，但是也跟着转圈，觉得很好玩。

在家里游戏玩累了，外面天气又很好，我们决定到外面去玩。或许我们可以在草坪或车道上摆个太阳系。

家里有孩子们从农场摘回来的南瓜。我和先生灵机一动——我们可以用南瓜做一个太阳系！孩子们对这个主意感到很兴奋，都积极穿好衣服，跑到外面去帮忙。我们拿最大的南瓜当太阳，小一点的那些做其他星球。可是，我们只有六个南瓜，还差两个。我建议说可以用苹果！泽泽马上帮忙去拿苹果。一边摆，我先生一边还用粉笔画上轨道，写上星球的名字，让孩子们每人当一个星球，在自己的轨道里转。孩子们对轨道（Orbit）还有点陌生，一兴奋就走到其他的轨道里，我先生就告诉他们，每个星球有自己的轨道，要是出了自己的轨道，就会乱套了，甚至会互相撞上。孩子们理解了，就待在自己的轨道里转。鸿鸿好吃，选择了苹果做的火星，边吃边转。绮绮见了，也选择了苹果做的星球，边吃边沿着轨道走。泽泽看到他们俩把星球都吃了，连忙又去拿更多的苹果，放在绮绮和鸿鸿的轨道上。鸿鸿见又有苹果，一手抓一个，又开吃了。最后我们只好让泽泽拿一个白色的球来替代，免得鸿鸿不停地吃。

我们还画出每一个星球，一边画，还编了一些比较容易记的顺口溜，比如：

- Girls go to Mars to get more candy bars or simply, Mars more candy bars!
  （女孩们到火星去拿更多的糖果！火星，糖果更多！）
- Boys go to Jupiter to get more stupid-er (Jupiter, not Juniper!)
  [男孩们去火星变得更蠢了。是火星，不是金尼培（绮绮同学的名字）]
- Saturn, it’s our turn!
  （土星，该我们了！）
- On the Uranus, we are courageous!
  （在天王星上，我们更勇敢！）
- The Sun, it’s more fun!
  （太阳，更好玩！）
- Earth is Home.
  （地球，就是家。）
- Mercury let’s hurry!
  （水星，快点！）

画完了，孩子们也转了很久，我们决定牵牵手，从一个星球跳到另一个星球，一边跳，一边唱我们的顺口溜。

跳完了，孩子们也累了，天也冷了。我们决定进屋去喝点热牛奶暖暖身。他们提出要加些棉花糖，我们说，说出一个星球的名字，加一颗棉花糖。大家都抢着

图7-4　画太阳系

说，他们竟然能记住几乎所有星球的名字！连绮绮也能说出四五个。

星球知识本来很难记，可是，在玩乐中，孩子们轻松地就学会了。家庭成员分别扮演太阳、地球、月亮、火星、金星、木星等，分别在自己的轨道上旋转，有头转晕的，有边转边吃的，有画太阳系的，有编顺口溜唱歌的，不管怎样，只要快乐就行。屋内屋外溢满了欢歌笑语，也充满了太阳系的知识。即便独生子女家庭也可以拿上家里的几个玩具或者邀请亲朋好友的孩子一起玩。

10. 我不是真正的冬眠

秋天的时候，树叶开始落了，孩子们最开心的就是在树叶堆里翻腾。在学校里玩，老师们让他们玩动物冬眠的游戏——一部分学生当冬眠的动物，另一部分当迁徙的候鸟。冬天来了，候鸟就迁徙飞走了，动物就冬眠了。春天来了，小鸟们就飞回来叫醒动物——孩子们回家的时候跟我们讲他们玩的游戏。看到孩子们很喜欢这个游戏，10月的一个周末在家玩的时候，我建议玩这个游戏，还要用中文玩。孩子们都欣然同意了。

孩子们都争着当冬眠的动物，泽泽说他是大棕熊，鸿鸿说他是北极熊，绮绮说她是小松鼠，我呢，自然就是候鸟大雁了。我拍着翅膀，边跑边喊："秋天来了，准备冬眠！"他们就收集一些玩具当作他们的食物，到处找地方躲起来。然后，我喊："准备好了吗？我要飞到南方了。冬天来了。"我让他们说："我要冬眠了！"然后，他们装作趴在自己的洞里睡着了。过了几分钟，我又拍拍翅膀喊："春天来了，我回北方了！冬眠结束了，大家出来吧！"他们就高兴地从洞里出来了。

玩了几次，冬眠的时候，他们都从自己的洞里钻出来找更多的食物。我说："你不是在冬眠吗？"泽泽说："我是大棕熊，我不是真正冬眠的，我睡睡，然后起来去找更多的食物，然后又去睡。”鸿鸿也说，他是北极熊，也不是完全冬眠的，也要出来找东西。绮绮说她是小松鼠，也要出来找东西吃。然后，他们也出来收揽了更多的玩具。

看到他们都知道棕熊、黑熊、松鼠都不是真正冬眠的动物，我就问：“那什么动物真正冬眠呢？”他们说：“不知道。”我说：“妈妈也不知道，我们一起在网上查一查吧。”于是，我们就在网上查了，发现蛇、蜜蜂和蝙蝠这些常见的动物都会真正地冬眠。我自己也学到了新知识。

通过游戏和网络查询，孩子们知道了哪些动物冬眠，哪些半冬眠，还有哪些不需要冬眠。看似复杂的问题在表演中全解决了。

后来过了很久，有一次我们去科学馆听老师讲故事，有一个故事是关于冬天的，里面讲到动物冬眠，讲故事的老师问：“哪位小朋友知道冬眠（Hybernate）是什么意思？”泽泽马上举手回答：“冬眠就是冬天睡觉！”我很开心泽泽能够这么快就回答问题。故事结束后我表扬了泽泽，他很自信地说：“我还知道动物迁徙（Migrate）的意思呢！”

答疑解惑

一、 小孩子怎么学计算？

生活中有许多涉及计算的事物，如编故事、数水果、客人的用具、调闹钟、到超市买菜等等，都是绝好的生活算术题目。

二、 面对孩子的“十万个为什么”怎么办？

孩子的问题稀奇古怪，颇有打破砂锅璺到底的气势，家长往往无力招架，敷衍了事。其实，这是绝佳的科学探究的机会。家长可以利用网络，与孩子一起查阅。然后，在有条件的情况下，带孩子实地考察。

三、大自然里有什么好玩的？

大自然里有花鸟虫鱼、飞禽走兽、蔬菜水果，甚至有孩子们进行科学实验的原材料，孩子们从各种活动中观察自然、了解自然，不仅是对自然的探究，也是一种非常好的科学启蒙。知识不仅在书本上，也在大自然里。

四、大人与孩子的想法不一样时怎么办？

大人看问题图实惠，比如建筑工地脏，就愿意绕道而行。但是，孩子的心充满好奇，他们渴望了解事情的来龙去脉。这时，家长要满足孩子的愿望，不以自己的观点武断否定孩子的思想。

五、如何让孩子学习科学知识？

用画画、编顺口溜、角色扮演等游戏方式。比如，通过角色扮演，孩子们很容易学会太阳系的知识和动物冬眠的知识。

后记

2013年6月，北京大学出版社出版了我和女儿陈冲合作的《我家的“洋高考”》，受到了读者的好评。有读者在给我的信中写道：“这本书有不少故事颠覆了我原来的教育观念，比如我很看重孩子获得的荣誉，而美国大学更看重孩子在获得荣誉过程中的艰辛过程和感受以及对社会、对他人的帮助和影响。”读者们的评价使我萌生了一个念头——最好写一套0—18岁关于中外家庭教育的丛书。第一本0—5岁，最后一本高中阶段，即已经出版的《我家的“洋高考”》，中间还有若干本。

心动不如行动！

我首先想到的是我的好朋友、密歇根州立大学教师教育系的李国芳教授。我们相识于2007年6月1日。那天，她送我一本她的英文专著*Battles of Literacy and Schooling between Mainstream Teachers and Asian Immigrant Parents*（《语言教学法的文化模式论战：亚裔家长与西方教师之冲突》）。她在书的扉页上写道：“很高兴认识您，祝我们今后合作愉快！希望我们能更多地互相学习！”我们后来的交往真的如她所言。2008年初夏，李老师带着爱人大牛到中国举办婚礼前夕，我们两家还一起游玩苏州。

李老师家有三个孩子，双胞胎男孩泽泽和鸿鸿出生于2009年12月5日。2010年圣诞节，陈冲从宾夕法尼亚州去密歇根州看望李老师一家，他们到机场接陈冲，据说那时的小家伙们才牙牙学语。绮绮是小姑娘，出生于2011年5月1日。2012年4月，我去美国出差，拜访了李老师一家。三个小小人儿十分可爱，一点不认生，也很有礼貌。李老师家到处都是书，客厅、餐厅、房间都有，孩子们触手可及。我印象很深的还有件事，鸿鸿坐在他专用的饭桌上，用英文叫着“I want to get out”。李老师平和地说：“你说‘我要出来’。”鸿鸿只得用中文重复：“我要出来！”李老师才把他抱出来了。我当时就意识到李老师双语教育的用心。我在他们家吃了早饭，大牛把三个孩子抱上车，说：“8:00前要把孩子们送到幼儿园，然后再去上班。”我坐上李老师的车，一起去她的办公室。我看到美国家庭也跟中国一样，早晨非常忙碌，上班的、上学的，不能磨蹭。我也看到他们的孩子训练有素，吃饭、背上背包、坐车去上学，井井有条。

当我把写书的意图跟李老师沟通时，她非常乐意。当老师的尤其是教育系的老师，得天独厚的条件是可以把工作与家庭有机结合。

虽然我们一拍即合，但是，真正动笔写作并不容易。

如何建立书的框架是我们遇到的第一个问题。李老师说这本书颠覆了她一向擅长的学术书模板。她惯常的做法是先列提纲再写作，这本书却是先写故事，因为我们还没有梳理出书的结构。然而，我在分析故事的时候，发现如果按部就班对每一个故事进行分析，书的结构显得太呆板。我想，是不是先界定概念，再写出子概念，然后，按照子概念的定义，把相关故事放进去，再进行分析，这样，书的逻辑性就比较强。比如，玩中要培养独立性，而独立性包含了ABCD四个方面，如果分别把与A概念、B概念、C概念、D概念相关的故事归在一起，就避免了故事的散和凌乱。李老师同意我的建议，她对“玩”进行了界定，“玩”体现在健康安全、自主独立、情绪管理、社会交往、双语学习、科学素养等六个方面。我们讨论出的每章结构是“本章概述+具体故事+叙议分析+答疑解惑。”

谁是叙事主体是我们遇到的第二个问题。我试着写了两个版本。一是我在李老师的故事后结合中国实际情况作点评和分析，对李老师的称呼是“她”；二是我借用李老师之口，把我调查到的或者亲历的中国教育问题，甚至我在美国的其他朋友和学生的育儿故事补充到李老师的故事中，这样，书中的“我”指李老师和我两个人。我把两个版本分别发给李老师和赵学敏编辑，她们认为后一种比较好。全篇浑然一体，一气呵成。尤其是李老师提到，她曾经读过两位美国妈妈合作写的一本书，虽然书的故事是基于第一作者的，但是书就是两人合用“我”的口气写成。

如何使李老师家的教育故事更具普适意义是我们遇到的第三个问题。李老师把书稿发给她的朋友们试读，有朋友说：“我家情况与你家不一样怎么办？”事实上，这也是李老师和我一直在考虑的问题。写书的目的不是为了写自家孩子，而是为了让更多的中国人了解美国家庭是如何教育孩子的，从中得到借鉴和启发。我和陈冲在写《我家的“洋高考”》的时候也碰到过这个问题，当时的处理方法是对每个章节概括提炼，解答与之有关的问题。此模式也被我们用到这本书上。我请了江苏省和上海市的几个幼儿园园长帮我收集问题，并亲自去我家附近的幼儿园访问，李老师也向她的朋友搜集问题，最终形成了现在的“答疑解惑”。

互动是我们的常态。由于李老师在美国工作、生活时间太久，开始她更习惯用英文写作，我则把故事翻译成中文。慢慢地，她适应了中文写作，越写越流畅。每次李老师写完故事发给我，我修改、分析后返还于她，她再次修改后发给我。记不清来来回回有多少次！

写这篇后记的时候，心中充满了感谢。

感谢我的女儿陈冲，她在纽约繁忙的工作学习中，抽出时间通读了全书，并对每一个故事进行了初步的分析，对“答疑解惑”版块提出了若干问题和解答，我在她的文字的基础上进行了扩展和修改。

感谢本书编辑王莹老师，她深厚的理论修养、细致踏实的编辑作风和兢兢业业的精神，为本书增色不少；感谢本书另一编辑赵学敏老师（也是《我家的“洋高考”》的编辑）策划了此书。在成书过程中，我与她有很多次沟通请教。书稿完成后，她仔细阅读，提出了宝贵的修改建议；感谢出版社姚成龙主任多次关心此书，并与审题组的老师共同探讨，为本书取名。

感谢李国芳老师的美国朋友们，给了我们鼓励和建议，使我们的书日趋完善和实用；感谢我的上海朋友刘春香博士和郑丽萍博士，她们或在逻辑上提出建议，或在文字上进行润色。

感谢我的同事孙琳琳老师、梅佳老师和宋倩娴老师，她们的孩子都处于0—5岁阶段，这些妈妈阅读了书稿，并把某些方法在自己的孩子身上进行了实验，取得了很好的效果。“这本书对我们家长来说真的很有帮助和借鉴。我个人很喜欢‘自主独立’这章，让宝宝学会做自己的事，并慢慢学会帮大人分担一些力所能及的事，学会分享、学会感恩，从中体会成长的快乐！”“双语教育对我的启迪很大，尤其是宝宝与妈妈互换角色读睡前故事这个策略，不仅有趣，而且使孩子从被动的听变为主动的说，促进了孩子的语言发展。”“我的宝宝有一些不好的餐桌习惯，如扔食物、用手抓食物、挑食等，我们尝试把书中纳曼和耶曼的故事讲给她听，对于纠正她的进餐坏习惯还是颇有好处的。”“我的孩子4岁半了，孩子的独立性的培养较差。书上说家长应该要求儿童自己的事情自己干，如自己穿脱衣服，整理床铺玩具，吃饭漱洗或让他们干些力所能及的家务，这些我们全帮孩子做了。读了书之后，我开始改变自己，慢慢放手让孩子做。其实，孩子还是挺爱做的。只恨没有早些读到这本书。但生二胎时就能派上用场了，就知道如何教育幼儿。”诸如此类的实验效果让我和李老师坚信这本书能帮到更多的人，这也正是我们写作本书的目的所在。

最感谢的还是李老师，她的育儿理念和故事，深深震撼和启发了我。特别是当一些中国家庭给孩子们充分自由的时候，我却在李老师的故事中强烈地感受到“规则”——民主、自由、尊重的前提。没有规则的爱是溺爱！孩子从小学会制定规则、遵守规则，长大后才能律己。

对于“玩”和“学习”两个词，需要做一些说明。日常生活中，家长们常讲“学就好好学，玩就玩个痛快，不要边玩边学”。可以看出“玩”和“学习”是两回事。本书书名《玩比学更重要》即取了日常生活之含义。事实上，本书更试图传递另一种思想——儿童学习不是一本正经坐在书桌前，而是通过适合的方法和途径，在不经意中获得。“玩”是家长有目的、有策略的教育手段。“玩”是表象，“学”才是内涵。“玩”和“学”你中有我，我中有你，不分彼此。我希望年轻的父母不仅能学到李老师许多有创意的具体做法，更能领会到她关于“玩”的深层意义。当然，“玩”的质量高低取决于家长的智慧和创造力，以及对幸福和成功的理解。

谨以此书献给5岁以内孩子的父母以及对家庭教育感兴趣的人士，也献给本书主人翁泽泽、鸿鸿、绮绮以及我家的新成员柚柚宝贝。

仲丽娟

2015年7月2日 于上海哈佛印象